重心移動だけで
サッカーは
10倍上手くなる

フットボールスタイリスト
鬼木 祐輔　著
ナイスク　監修

KKロングセラーズ

FOOTBALLER.
umbro

僕は誰かからサッカーを教わった
経験がほとんどありません。

今でも「もっと上手くなりたい」と
思っています。

はじめに

僕は誰かからサッカーを教わった経験がほとんどありません。サッカーチームに入ったのは小学校3年生。キーパーでした、チビなのに(笑)。監督はおじいちゃんで、いつも見ているだけの優しい人でした。練習はゲームとシュートだけ。中学も毎試合0-10負けるようなチームです。

高校に入ると、初めての練習で先輩たちが「中切れ！　中切れ！」って指示を出してるんですね。「何を言ってるんだこの人たちは?!」と思いました。今はわかりますが、そんなことすら教わていなかったから「切るってなに？」状態なんです。環境って大事ですね……。チビだったので「お前チビだからフィールドやれ。キーパーやってたらどこでもできるだろ?!」という無茶振りでフィールドプレイヤーになりました。そしてだんだんサッカーを楽しいと思い始めた矢先に、高校サッカーが終わりました。3年生の夏休み初日です。不完全燃焼すぎて僕だけ泣けませんでした。

相変わらず下手なままでしたが、サッカーは好きだったので、将来はサッカーに関わる仕事がしたいと思っていました。しかし、下手だったので「サッカーを教える」なんてことはイメージすら湧かず……。トレーナーを目指して専門学校に行き、その後会社に所属して数年間トレーナーとして活動し、現在はフリーです。そんな僕が「サッカーは10倍上手くなる」なんて本を出すなんて、当時の僕が聞いても絶対信じないと思います。

僕の根本にあるのは「僕みたいな下手なやつが、少しでもできることを増やすためにはどうしたらいいのか？」というものです。そもそも自分がサッカーが下手で、今でも「もっと上手くなりたい」と思っています。他人に伝えるよりも、自分が上手くなるためにはどうしたらいいかを先に考えているかもしれないです。きっとその気持ちに終わりはないし、「下手な子がちょっとだけ上手くなって、みんながサッカーを楽しめるようになってほしい」という願いも、ずっと変わらないと思います。

そんな下手くそがいろいろ試しているうちに、そもそも上手い人と違うところがあることに気づいてから変化が見えてきました。上手い子はいいんです。すごい指導者がもっと良い指導をしてくれるから。でも、サッカーではきっと、ものすごく上手な子よりも少しだけ上手い子や普通の子、下手な子の方が多い。だったら僕は、その普通の子たちのレベルを少しだけ上げてちょっと上手い子にしたいんです。それで日本のサッカーしてる子たち全員がちょっと上手い子になったらすごくないですか？「日本サッカーを変える」なんて大げさなことは言えないけど、僕にできることがあるとしたらそれなんだなと思います。

《 本書の読み方 》

CHAPTER 5

11

ニョキストップ ❶

❷ 止まる時は
身体を前傾にせず、起こす

①ダッシュを開始する。

②止まりたい位置をイメージしながら動く。

—〈 Key Word 〉—
・ニョキ
・起こす
・伸ばす ❸

❹ 「背中ストップ」を応用したドリブルのストップ。スピードに乗った状態から、背中で止まる感覚を身につけよう。

鬼 Point

足で踏ん張って止まるイメージを消す。「背中ストップ」（→P.60）の要領で徐々に体を起こしていき、「ニョキ」（→P.34）でスピードを止める。 ❺

❻ NG

身体を使わずに急にストップしようとすると、勢いを殺しきれずにボールを追い越してしまい止まれない。ケガの原因にもなる。

116

❶メニューの名前

メニューの名前を表しています。

❷メニューのコツ

このメニューのコツを端的に表しています。

❸Key Word

メニューで重要になる身体の部位や動きを表しています。

❹内容の紹介

メニューがどんな内容で、何が身に付くのか、何がポイントになるかを表しています。

❺鬼Point

メニューでどんなところがポイントになるのかを、写真付きで表しています。

❻NG

一般的に見られるNGを写真付きで表しています。

本書は重心移動を身につけるための練習メニューを紹介する本です。
写真と文章を見てポイントをおさえながら実践してみてください。

---

❼連続写真

メニューの見本を連続写真で表しています。

❽行程説明

メニューの行程を文章で解説しています。

❾実戦への応用

このメニューが実際の試合ではどんな場面で使えるのかを表しています。

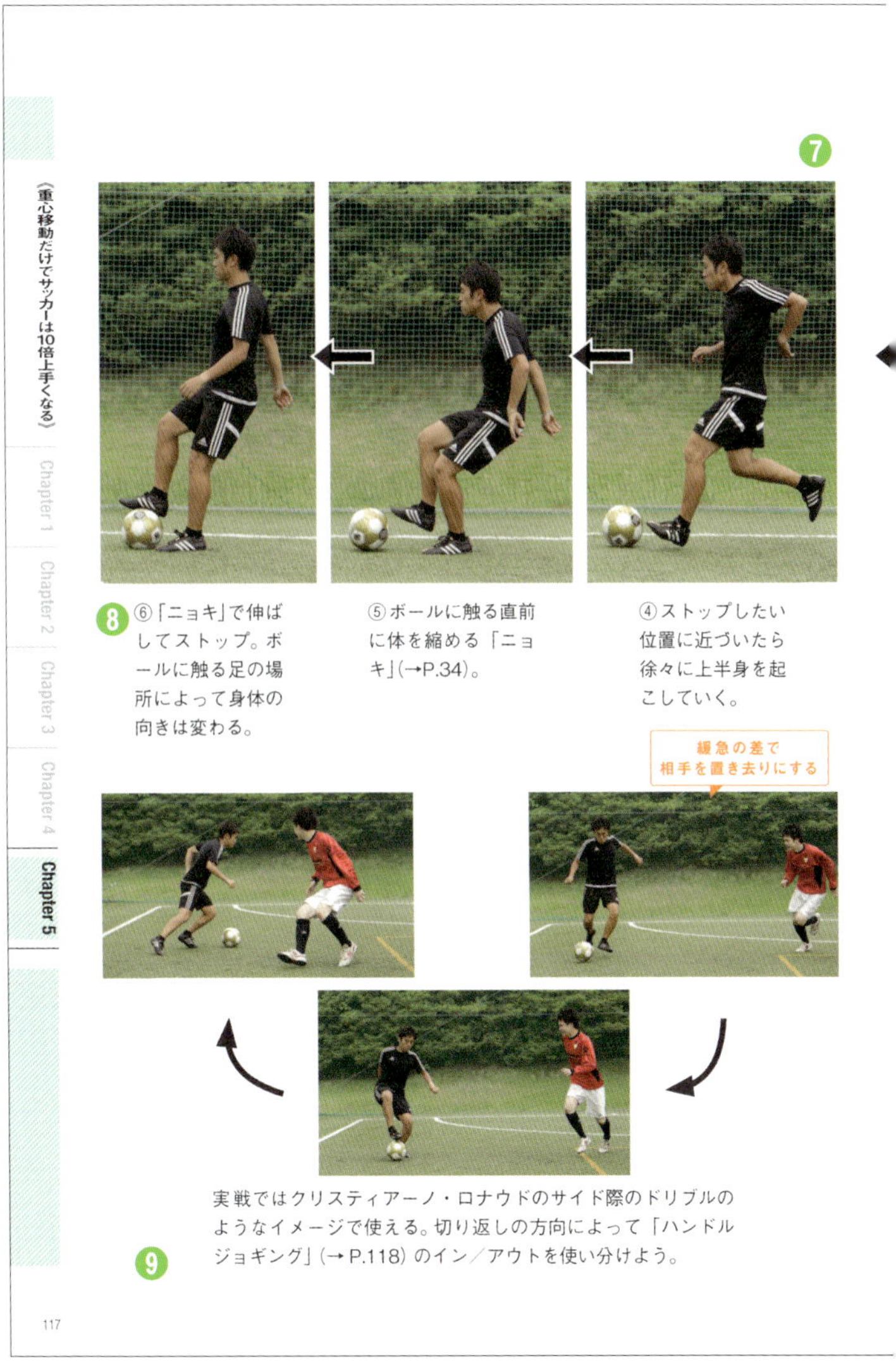

《重心移動だけでサッカーは10倍上手くなる》

Chapter 1
Chapter 2
Chapter 3
Chapter 4
Chapter 5

❼

❽ ⑥「ニョキ」で伸ばしてストップ。ボールに触る足の場所によって身体の向きは変わる。

⑤ボールに触る直前に体を縮める「ニョキ」(→P.34)。

④ストップしたい位置に近づいたら徐々に上半身を起こしていく。

❾ 実戦ではクリスティアーノ・ロナウドのサイド際のドリブルのようなイメージで使える。切り返しの方向によって「ハンドルジョギング」(→P.118)のイン/アウトを使い分けよう。

117

重心移動だけでサッカーは10倍上手くなる

Contents

CHAPTER 1

サッカーは移動の延長

CHAPTER 2

ニョキの基本

CHAPTER 3

大きい動きでニョキ

CHAPTER 4

ボールを使ってニョキ

CHAPTER 5 サッカーでニョキ

CHAPTER 1

サッカーは移動の延長

「フットボールスタイリング」とは

サッカーを一生懸命やっていない子はいないと思います。みんなサッカーが好きで、上手くなりたいと思ってる。でも、僕自身がそうだったように、どう頑張ったらいいのか分からない子もたくさんいるはずです。その**頑張り方を伝える**のが**「フットボールスタイリング」**です。

以前読んだ本の中に、「方向性の間違った努力はただの無駄」と書いてありました。すべてが無駄じゃないこともあると思いますが、頑張り方を知らずにただ頑張っている子は、無駄を重ねてしまっているんです。量としては頑張ってるけど、やり方が違うから意味が全然違った方向に進んでしまっている。「頑張れ」と声をかけることは多いですが、**「なにを、どのように、どのくらい頑張るか？」**を伝えられているケースは、あまり多くないと思います。

サッカーは**「認知・決断・実行」**という過程でプレーが成り立っていると言われています。周囲がどういった状況にあるのかを「認知」し、そこで必要なプレーを「決断」し、キックやドリブルなどのプレーを「実行」するというプロセスです。「認知」と「決断」はサッカーコーチが教えてあげること。どういう状況の時にどういうプレーを選択したら良いかという、判断基準をあげることです。

僕の仕事は「実行」の部分。やるべきプレーを決めたけど、それを「実行」に移す技術がないという子に、**身体の使い方という観点から「実行」のやり方を伝える仕事**です。「実行」の力が上がることでできるプレーが増え、「認知」と「決断」の力が高まるということもあると思います。

伝えるときにもなるべくわかりやすくしたい。「○○筋を！」とか「○○関節が！」という言葉は、普通にサッカーやっていたらなかなか馴染みがない言葉です。この本にもほとんど出てきませんし、練習中にも僕は言いません。それを「メッシのドリブルはニョキニョキしてて」「ネイマールってこういう姿勢してない？」と言えば、フットボーラーならみんなイメージが湧くと思います。そういうイメージの共有をしたいのです。

サッカーが上手い人は身体がシュッとしています。筋肉ムキムキというより、スラっとシュッとしている。クライフ、ジダン、ネイマール、クリスティアーノ・ロナウドなどの名選手たちも、立ち姿を見ているとムキムキという感じはしません。「フィジカル」というとどうしても「力強さ」のようなイメージが先行してしまいがちですが、上手い選手を見れば見るほど違うような気がしてきたんです。その共通点を探っていくと、「そもそも頑張り方が違うんだ！」ということに気づき、**正しい頑張り方を伝える**のが僕の仕事なんだと思いました。

その話を知人にしたら「フィジカルコーチって辛そう。鬼木のフィジカルトレーニング。絶対辛そうじゃん(笑)。だから『フットボールスタイリスト』がいいんじゃない？」と言ってくれました。それから「フットボールスタイリスト」を名乗り、僕のトレーニングを「フットボールスタイリング」と呼んでいます。

フットボールスタイリングの目的は**「怪我をせずにサッカーが上手くなる」**ことです。強くなっても怪我が多くてはもったいないです。自分の能力の１００％を高めるのはもちろん大切ですが、そもそも１００％を使えてないことも多いので、「鍛える」のではなく、「今持っている力を最大限効率よく引き出す」ためのトレーニングです。

重心移動と体重移動

まず移動の定義をしましょう。**「重心が行きたいところに移動する」**ことです。重心とは、おへそのあたりにある体の中心。これが行きたいところへ動いたときに「移動した」と言います。その移動にも**体重移動**と**重心移動**の２種類があります。体重移動は**自分の体重を押して移動する**こと。右に行く時は左足で地面を押して移動します。多くの選手は、この体重移動でプレーをしています。反復横とびはその代表例です。重心移動は**重心を動かし、それを脚が支える**ので、結果的に移動しているというもの。先に身体が動くので、足で押す力は必要ありません。進行方向側の脚が身体を支え続けます。例えば、つまずいて転びそうになった時、身体がつんのめって勝手に脚が出てきますよね？　そのイメージです。

写真で見ると違いがわかりやすいと思います。左ページの写真は体重移動と重心移動の違いを示したものです。体重移動のときは、左足を強く踏ん張って地面を蹴っています。それに対して、重心移動のときは身体が先に運ばれ、そこに脚がついてきています。プレーが成功しない時は、右足をとっさにがボールに出してしまうことが多いです。上手い選手は下の写真のように、スッと身体を運んでからボールを触ることが多いです。

どちらにもメリットとデメリットがあり、**要所要所で使い分ける**ことが必要です。しかし、重心移動という概念はポピュラーなものではないので、なかなか使い分けが難しいのが現実です。体重移動は一瞬の動きには向いていますが、体重を受け止め押さなくてはいけないので、長く持続したり反復するのには向いていません。速く動くにはさらに多くの力が必要です。それを繰り返すのはものすごく大変なことです。サッカーは90分走り続けるので、体重移動だけで走りきるのは難しい

体重移動

重心移動

のです。

一方、重心移動は少ない力で勝手に脚がついてきてくれます。頭を傾けて楽に立てるのと同じように、重心を傾けてから移動するため、少ない力で移動できます。この違いを理解して、上手く使い分けられるのが理想ですね。

「速く移動する」ということ

もう一度移動の定義を確認しましょう。「重心が行きたいところに移動する」ことです。地点Aから地点Bへ、重心が移動してはじめて「移動した」と言えます。足が速い人っていますよね。彼らは**「目的地に重心を移動させるのが上手い人」**です。重心を移動させるのが上手いから、その結果としてそれを支え続ける手足の回転が速くなるのです。

足が遅い人は足を動かそうとします。足を動かすと片脚立ちになります。足は身体を支えるための手段なので、足を速く動かしても、**重心が移動してないならスピードは上がりません**。今その場で、自分のできる限りの速さで足踏みをしてみてください。移動はしませんよね？「移動」とは「重心が行きたいところに移動する」ことですから、いくら足踏みをしても重心の位置が変わらなければ「移動」はしないのです。速く動こうとしすぎると無駄な力が入り、地面を押して動くようになってしまいがちなので、「スムーズに重心を目的地に運ぶこと」を意識して動く癖づくりをしたいです。

また、足の回転が速いということは、足がついてから次の足が着くまでの時間が短いと言えます。つまり、**片脚立ちの時間が短い**。重心を移動させれば、身体を支えるために脚を出さざるを得ないからです。

足の速さには歩幅も関係があります。それが「ドーナツ」です。「ドーナツ」とは、自分の脚が意識しなくとも自然に出てくる歩幅のこと。これはP.32で詳しく解説しています。

サッカーは移動の延長

サッカーは**脚で移動しながら脚でプレーしなくてはいけません**。バレーボールやラグビーなどでも脚を使う時はありますが、この特性は球技スポーツの中で唯一のものです。この「移動しながら」というポイントが上手い下手の大きな違いになると思っています。

例えば、自分がいる位置よりも右にズレたパスが来て、それが足だけ伸ばせば届く範囲のズレだったとします。きっと、多くの人は足だけを出してトラップするでしょう。これが体重移動です。しかし、それだと動きが遅くなる。なぜなら片脚立ちの時間が長いからです。「足が速い人は重心を移動させるのが速い」と考えると、足だけ伸ばしてしまったときは**重心がいつまでも残っている**から遅いのです。トラップできたとしても、次への動きが絶対に遅くなる。足を伸ばしてトラップして、重心をボールのそばに持ってきて、それから次のプレーと、ひとつ余計な動きが必要になります。

これが移動が上手な人だと、重心ごと移動してトラップし、そのまま次の行動へ移ります。重心移動で体をボールが転がる先に持っていって、そのついでにトラップをするという感覚です。これだと、体重移動の時よりも一つ少ないプロセスで次へ動けるのです。僕は移動がスムーズにできているかどうかを見る時は、**片脚立ちになってしまっている時間がどれだけ短いか**を見ます。この時間を短くすることがとにかく大事。次の脚が出続けることが大事なのです。

上手な人でも、１試合の中で片脚立ちの時間が長くなる時が数回あります。その時はボールを奪われるか、ミスが起こることが多いです。２０１５年の春にドイツに行き、この考えがより確信に変わっていきました。地方のアマチュアチームの練習を見てきたのですが、向こうでは育成年代から連続したプレーを求められるそうです。プレーを一回で完結させないことを求めます。単純なシュート練習の中でも、複数の動きが連続した中で最後にシュートを打っていました。どんなに下の年代でも同じ。一つの動きで完結するような練習はほとんどありませんでした。そのため、シュートも足で蹴るのではなく移動の延長線上。大きく外すことも多いですが、よくテレビで見るようなスーパーゴールのようなシュートがたくさん出てきました。

逆にボール回しをやっている時は「おいおい大丈夫か？」と思うくらい、あまり上手ではありませんでした。僕が入っても上手い方になるくらいのレベルです(笑)。それが実際の試合になると、さっきと同じ人なのかを疑うくらいスムーズな動きになる。

後で監督に聞くと、「そういう技術はウチのチームにはいらない」と言っていました。足先の技術よりも、連続してプレーをし続ける能力を求めているのです。「技術の概念が違うのかな？」と思いました。連続してプレーするには、爆発的な力を使う体重移動ではなく、楽に移動できる重心移動が必要になり、その動きが自然と身に付いていくのです。

サッカーはすべて移動の延長線でプレーすると上手くいくと思っています。足でボールを触ろうせずに、ボールと足が出会うところに移動し続ける。そんな感覚でプレーするといいと思います。

速く移動するためのルール

速く移動するためには、**片脚立ちにならないこと**が重要です。そしてそのためには、自分の「ドーナツ」の範囲を知ることから始めます。

歩幅をできる限り小さくして歩いてみてください。きっと意識的に「脚を出して」歩いていると思います。その意識を持っている時は、片脚立ちの時間が長い移動になってしまっている時です。そこから徐々に歩幅を広げていくと、**何も意識せずに「脚が勝手に出てくる」歩幅**があると思います。それが自分の「ドーナツ」の範囲です。自分の重心の範囲に空洞があり、その周りに歩きやすい範囲があるから「ドーナツ」です。この範囲で歩き続ければ、楽に移動ができるのです。

走るときも「ドーナツ」の範囲に身体を運び続けます。ただし、走るときは当然歩幅が広くなります。その場合は、歩く時よりも前に重心を運んでドーナツの範囲をつくり、動いた重心を脚で拾い続けていく感覚で走ります。そうすると、後ろに残っている脚が勝手に前に出てきてくれるのです。まずはこの感覚を身につけることが大事です。

この動きを自然にできる子とできない子が当然います。例えば柿谷曜一朗選手は浮き球のコントロールの名手として有名ですよね。彼はインタビューで「トラップのコツはボールに逆回転を加えること」と言っていました。しかしサッカーが上手くない子は、足だけ出して、そもそも身体がトラップできる位置に付いてきていないことが多いです。柿谷選手も身体を運ぶことは意識せずにできてしまっているため、コツとして認識していないのです。仮に逆回転をかけてトラップできたとしても、その後の移動が伴わないとプレーが止まります。柿谷選手のように「トラップが上手い」と言われる選手たちは、**ボールがくる場所に自分の身体を移動させ、トラップの後にスムーズに次のプレーに移れるから上手い**のです。

お手本を見て成功の感覚をつかむ

選手へのアプローチの仕方は個々によって違います。「足でやっちゃってるよ」と言えば直る子もいますし、言葉ではなくお手本の映像を見せて上手くいく子もいますし、自分自身の映像まで見せてようやく理解できる子もいます。ただ、一つ大事なのは**「今のは良かった」とたくさん言ってあげること**です。

失敗した時は誰でも分かります。選手自身の中で、成功した時と失敗した時の違いに気づける感性を磨くことはとても重要です。しかし、本当にこの動きで良いのかどうかは、選手自身ではわかりにくい。自分では上手くいっているつもりでも、外から見るとまったく違うことは多々あります。そこを周りで見ている人たちが教えてあげるのです。悪いところを修正する声よりも、良いところを褒める声を多くしてあげてください。

お手本もたくさん見せてあげてください。選手の中に成功イメージを持たせることができます。動き以外でも同じですよね。小さい子どもが親の「熱い」という言葉を聞いて「こういうときは『熱い』と言うんだ」と覚えていくように、お手本を見て「ほら、ここでニョキってしてるでしょ」と教えてあげると、選手たちは「これがニョキニョキってことなんだ」と覚えていきます。選手たちにはたくさんお手本を見せてあげて、感覚を覚えてもらってください。

コーチ自身がプレーできなくても、今はタブレット端末で動画投稿サイトを開けば、いつでもどこでも良いプレーを見られます。週末になれば全国各地のスタジアムで毎週Jリーグが開催されています。プロじゃなくても、大学生や高校生にとても上手な子たちがいます。お手本は山ほど転がっているんです。共通のワードやイメージを持つことができると、勝手に選手達は上手くなっていきます。選手同士で意見を言い合えていたらこっちのものですね(笑)。

僕の関わってるチームでは、選手同士で話し合いをすることが多く、それがお互いの刺激になっています。最後は選手自身に感じてもらうしかないのですが、その過程を選手たちが楽しめるように、大人側がたくさんツールを用意してあげてください。

CHAPTER 2

ニョキの基本

まずは重心移動の感覚をつかむ

　まずは自分の重心がどこにあるのか、ドーナツの範囲がどれくらいなのか、その感覚をつかみましょう。一番リラックスできる体勢、スムーズに動ける力の入れ方、上半身の動かし方などを、頭で考えずにすぐに出せるのが理想です。そのためにも、まず肌感覚で身につけていきましょう。

CHAPTER 2

01 カカトのポイントの確認

—〈 Key Word 〉—

・カカトのポイント
・リラックス

重心移動の基本となる姿勢。力を抜き、楽な姿勢を身につければ、スムーズな移動につながる。

脚に対してスネを垂直にして楽な姿勢で立つ

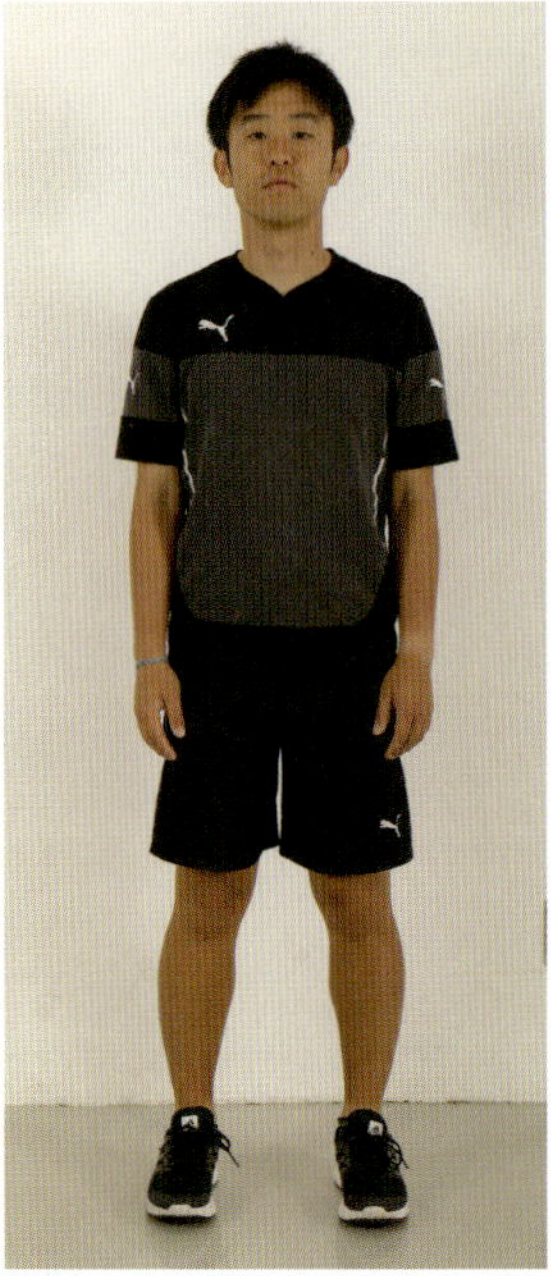

脚を肩幅ほどに開き、内くるぶしを通るスネが足に対して垂直になるように立つ。ひざは曲げすぎず伸ばしすぎず、肩の力が勝手に抜ける姿勢を見つける。

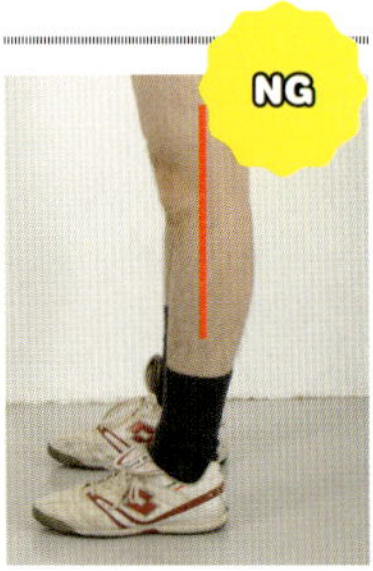

ひざが伸びきっているとNG。連動して腰が反ってしまう。

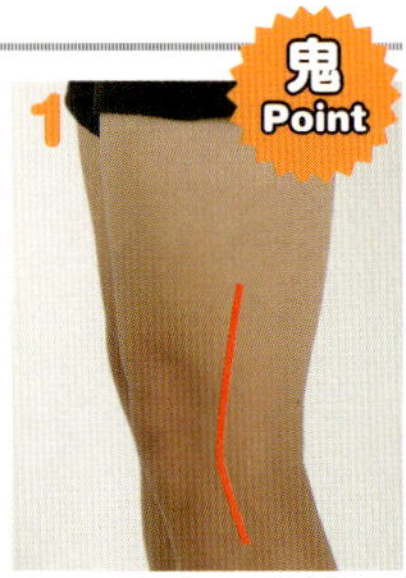

体重を乗せるのは内くるぶしの直下、サッカースパイクのカカトから2 本目のポイントのあたりだ。そこに乗ると勝手に力が抜ける。ひざを曲げすぎず伸ばしすぎないこと。

CHAPTER 2

02

カカトの片脚立ち

〈 Key Word 〉
- カカトのポイント
- リラックス

片脚でリラックスした状態で立つ。体重がカカトに乗れているかを確認する。踏んばらないように力の抜けるポイントを認識しよう。

片脚でも重心を認識する

カカトのポイントに体重がまっすぐ乗るように立つ。ポイントからはずれると、筋肉をたくさん使って立つことになるのでリラックスできず、バランスをとりづらい。

上体が傾くと適切に体重が乗っていない証拠。ポイントから外れると、ズレたことに気づきにくく余計にグラつく。

両脚で立っている時よりも重心は立ち脚側にずれる。脚で立つというより、「身体(体重)を拾ってくれる」くらいの感覚でリラックスして立つ。

CHAPTER 2

03 スイッチの確認

視線の向きや体勢によって身体の力が入る部分が変わる。これを「スイッチ」と呼び、力が入った状態を「スイッチが入る」という。

—〈 Key Word 〉—

・スイッチ
・接地

前側のスイッチ

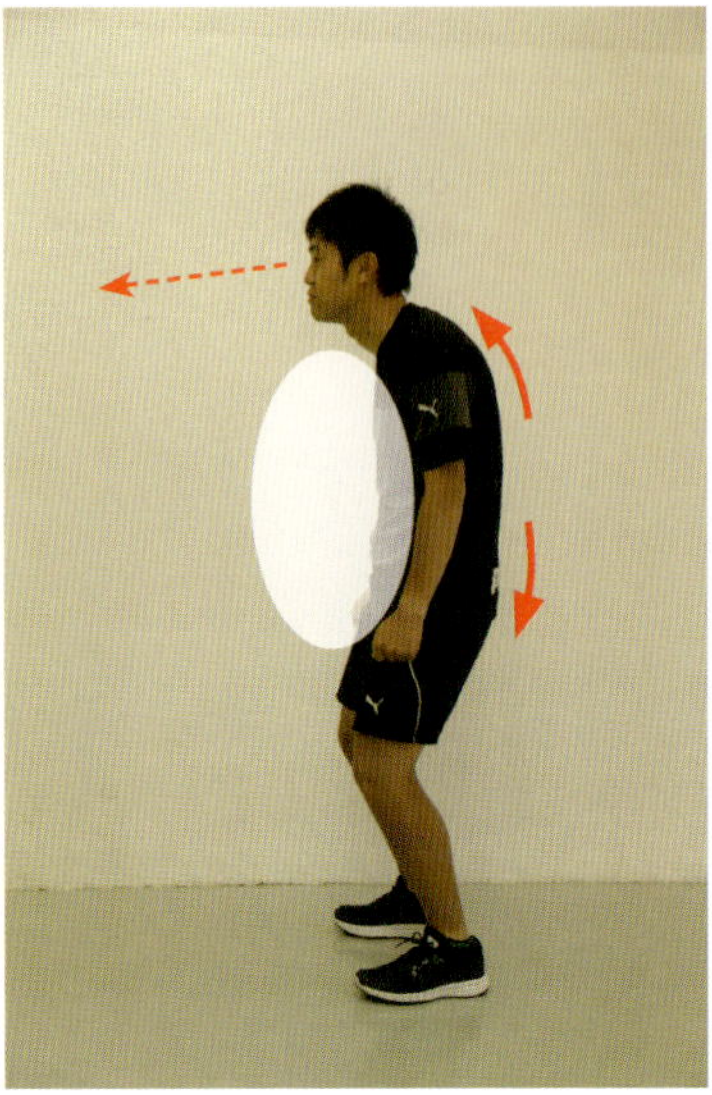

身体の前側に力が入っている状態を「前側のスイッチが入る」と表現する。緊張した時、目の前のものを集中して見つめている時など、前側に意識が集中した時にこの状態になる。前側のスイッチが入ると身体全体が固まる。腹筋運動をしてあごが疲れるように、前側の筋肉はすべてつながっているからだ。身体が固まると柔軟性と連動性がなくなり、スムーズな移動がしにくくなる。

後ろ側のスイッチ

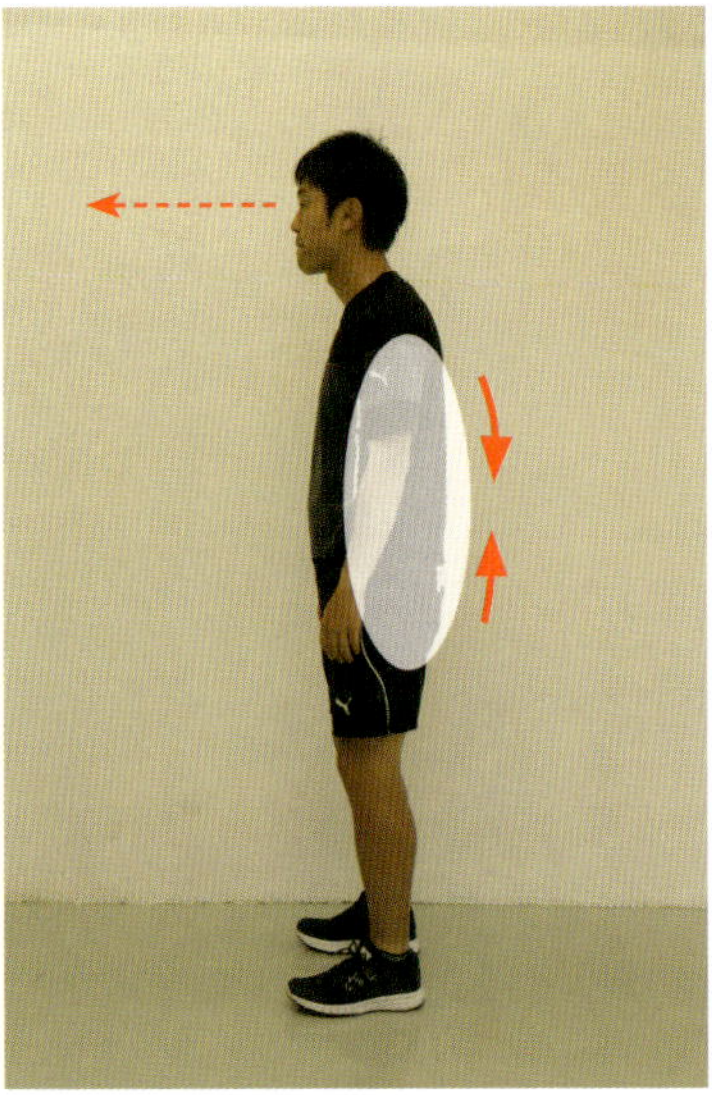

身体の後ろ側に力が入っている状態を「後ろ側のスイッチが入る」と表現する。リラックスできている時、「ニョキ」（→P.34）で背筋を伸ばしている時などだ。後ろ側のスイッチが入ると、上半身の柔軟性が増して広い範囲に動かせる。サッカーでは上半身と下半身が連動して動くため、上半身の動きが広がれば、それだけ下半身も自由に動かせるようになる。後ろ側のスイッチを入れる運動が「リセット」（→P.38）だ。

前向きに歩く場合

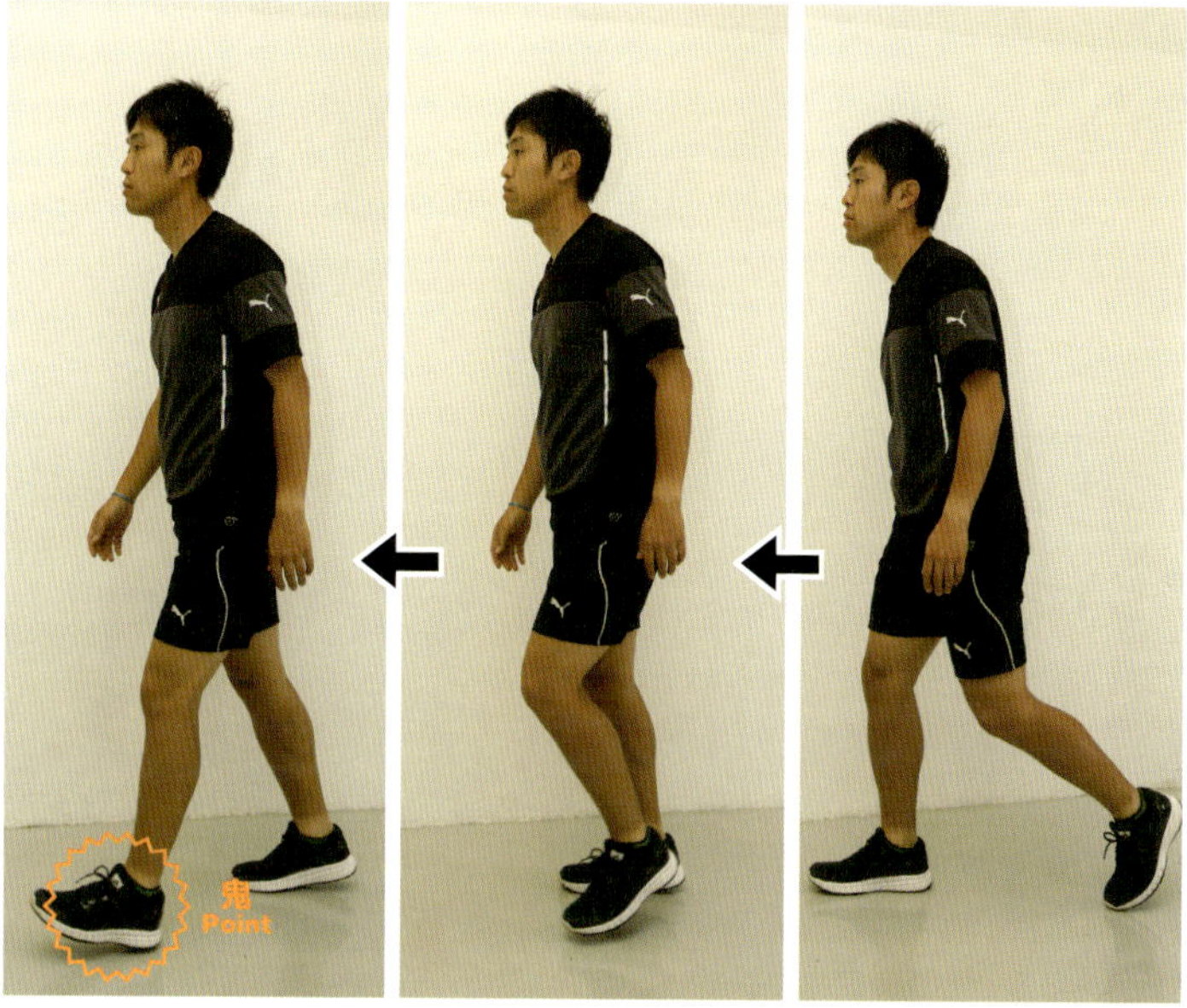

重心が脚の上にある状態を保ち、足裏全体で接地する。後ろ側のスイッチが入り自然な歩行になり、負荷の少ないスムーズな移動が可能になる。

走る時にどこで接地するか

重要なのは、実際に走った時に上手く力が伝達できているか。前足部荷重では上手く伝わらないことが多いということだ。

カカトから接地し、徐々に足全体が接地するのが一番楽な歩き方。

前足部に荷重すると、ブレーキのようになってしまう。そうなると前側のスイッチが入り、移動の負荷が増す。

04

ドーナツの確認

自分の脚が
一番出やすい範囲を知る

―〈 Key Word 〉―

・出てくる
・ドーナツ

小股歩きから大股歩きまで歩幅を広げる過程で、自分の自然と脚が出てくる幅を知ろう。

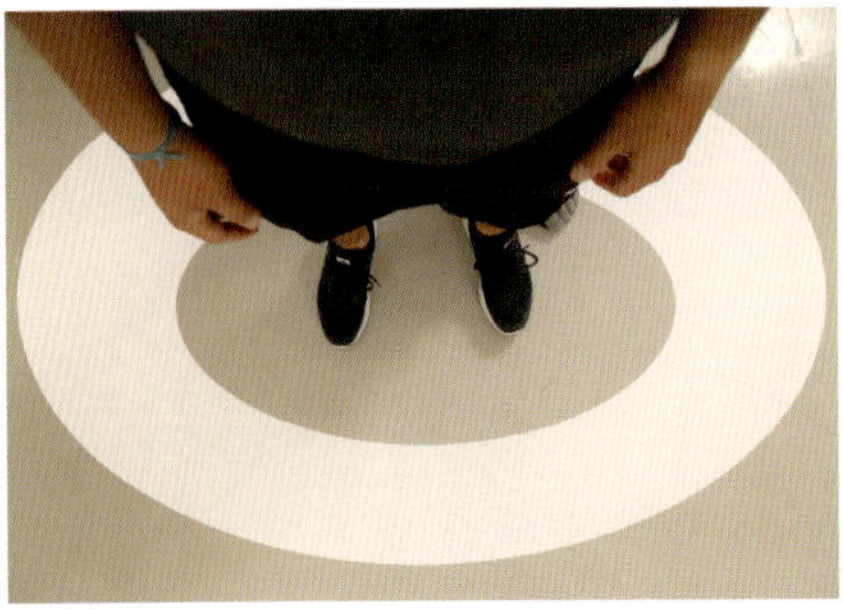

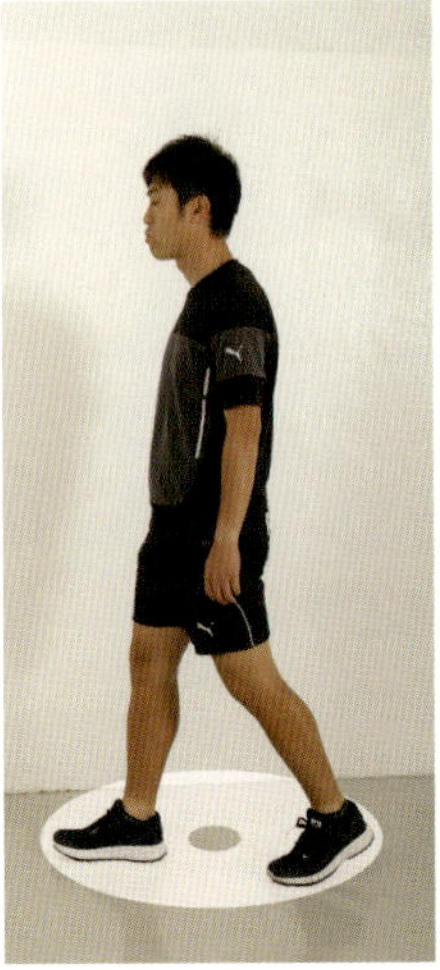

自分で意識しなくても「脚が勝手に出てくる」範囲がある。本書ではこれを「ドーナツ」と呼ぶ。自分の重心の形に穴があいた円があるとイメージすると理解しやすい。

●小股で歩く

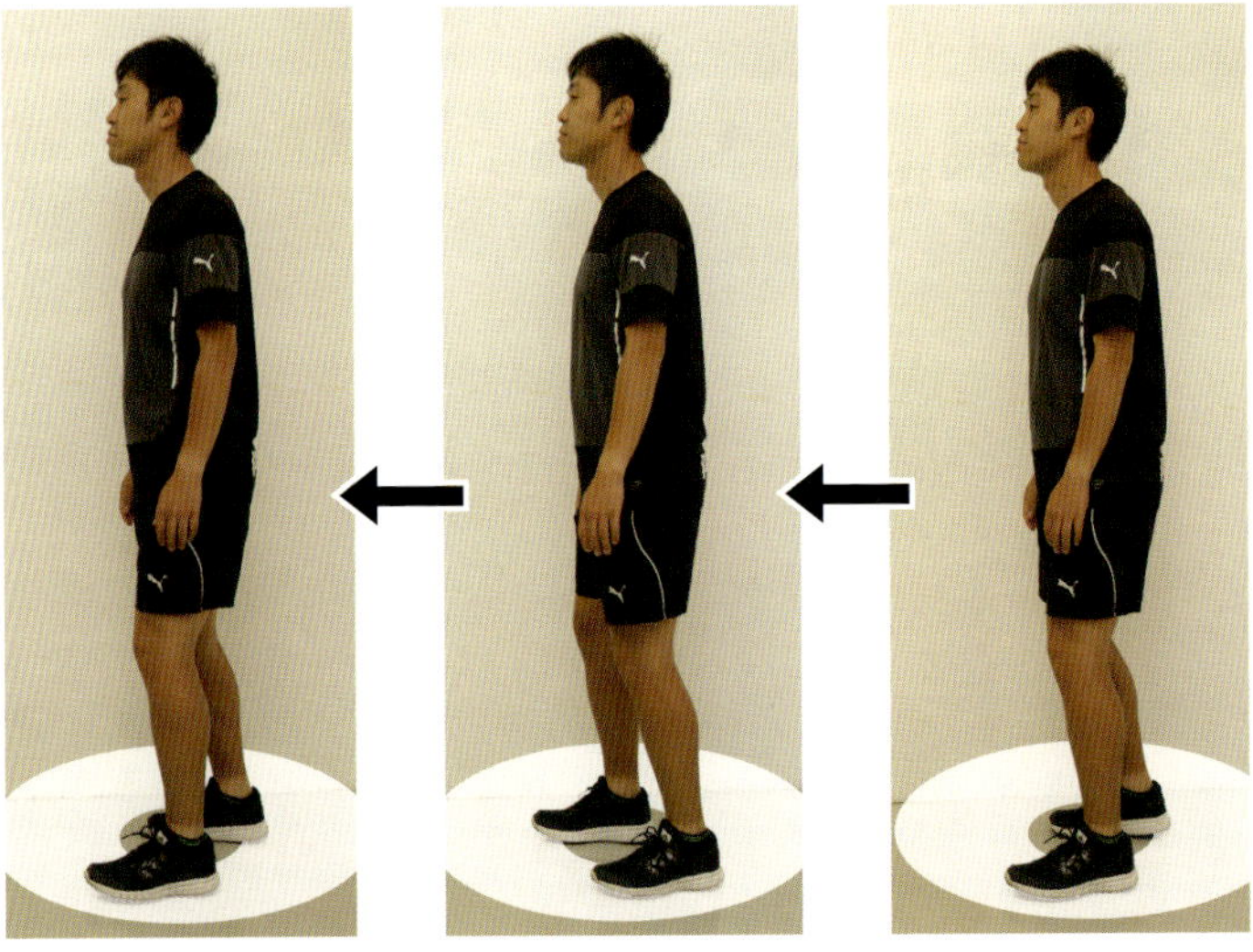

小股歩きは足を置くのがドーナツの穴の部分になるので、“脚を意図的に出す” 意識になる。ここから歩幅を徐々に広げて自然と脚が出てくる範囲をつかむ。

普通に歩く

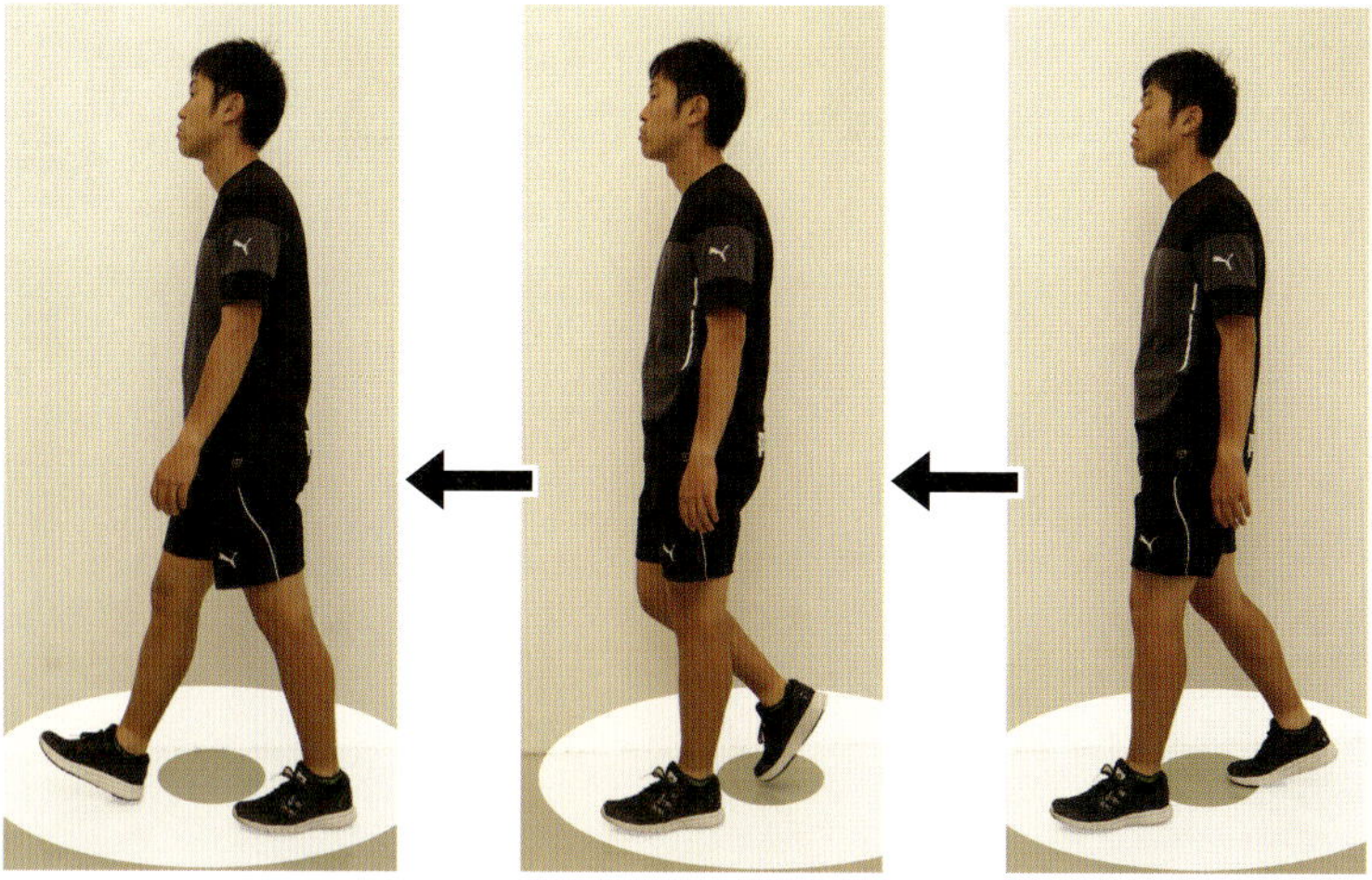

例えば、携帯電話を操作しながら歩いていても自然と前に進めるように、「意識しなくても勝手に脚が出てくる」歩幅がある。それが自分のドーナツの範囲だ。小股歩きから徐々に歩幅を広げていくと、その範囲をつかめる。

大股で歩く

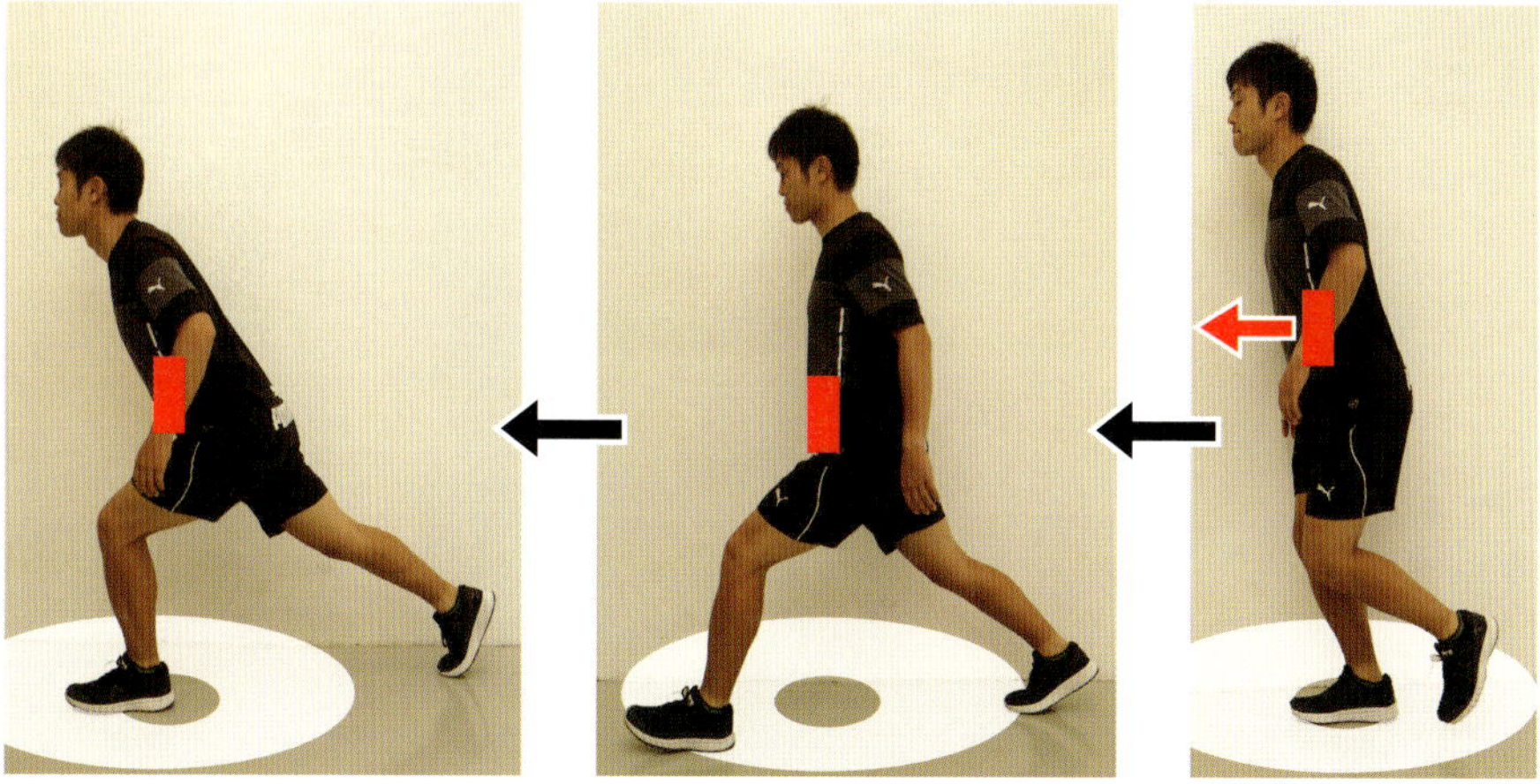

大股で歩く時は、移動した先のドーナツの範囲に脚を落とす。その脚に重心がついてきて、後ろ脚は地面から自然に離れる。

CHAPTER 2

05

ニョキ

坐骨で座り 肩を垂直に落とす

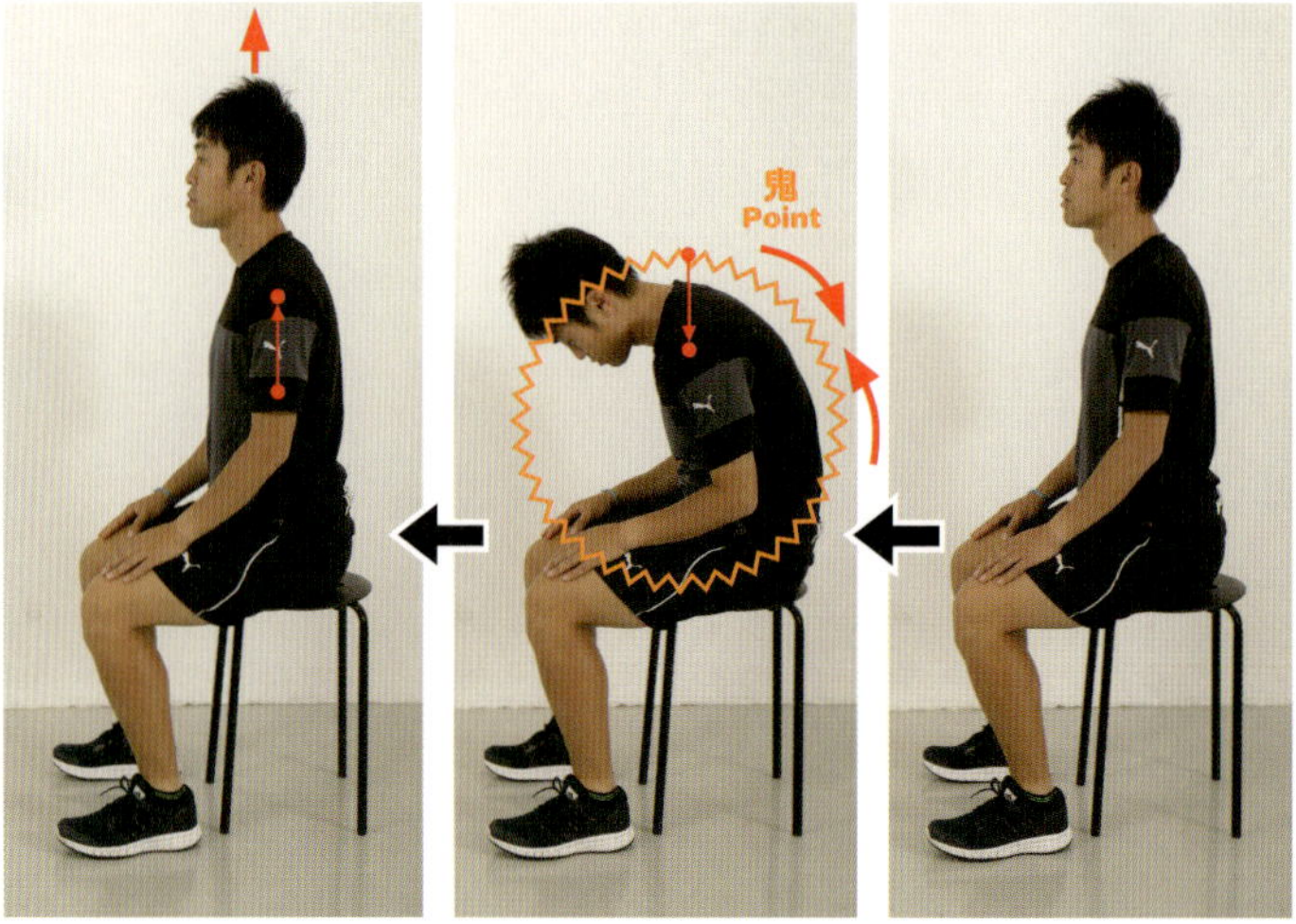

①お尻の穴のすこし前、坐骨の上に体重を落とすイメージで座る。

②ヘソをのぞき込むように肩を落とす。全身の筋肉をゆるめると肩が落ちて、背中が丸まる。

③首を上に引っ張るように上げ、その結果背中が伸びる。これを繰り返す。

―〈 Key Word 〉―

・連動
・目線

上半身の柔軟な動きを手に入れる練習。「ニョキニョキした動き」の基本だ。サッカーにおける「柔軟な動き」には上半身が大きく関わってくる。

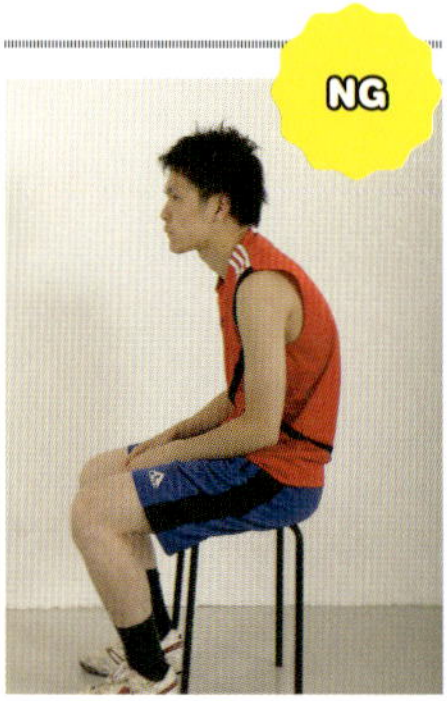

胸を丸めるだけの動きはNG。胸だけを動かそうとしてしまうと逆にお腹に力が入ってしまい、連動できない。

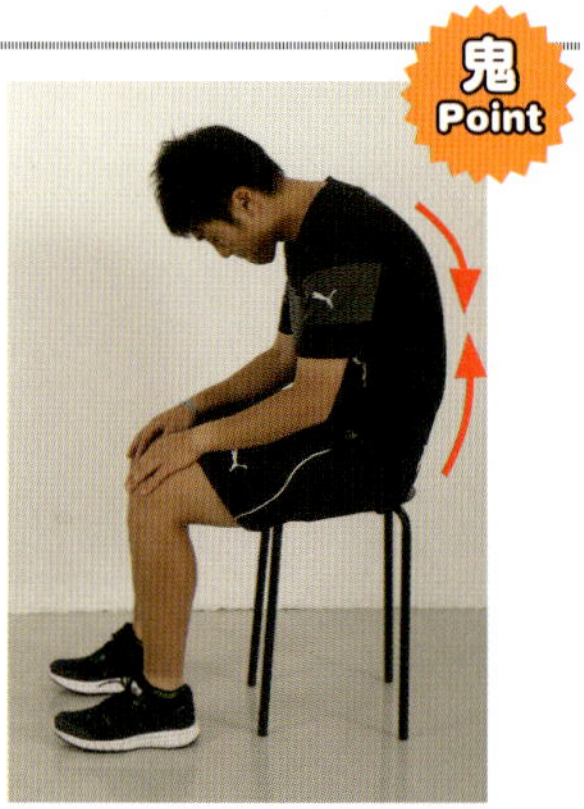

全身をゆるめた結果、背中が丸まる。骨盤と背骨が連動して伸び縮みするように動かす。

胴体のニョキニョキに脚がついてくる

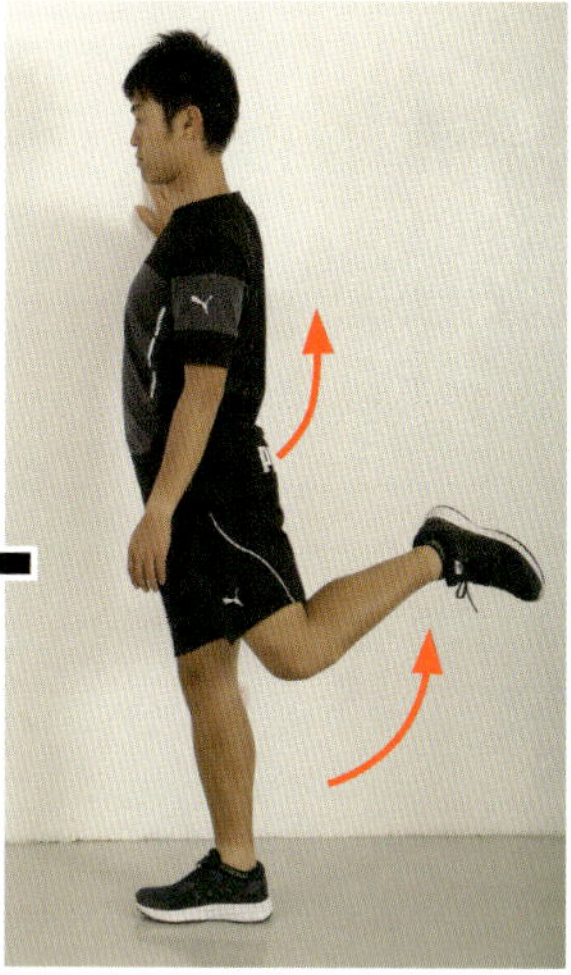

①壁に手をつき、お尻を上げる。その動きに脚を合わせて振りかぶる。

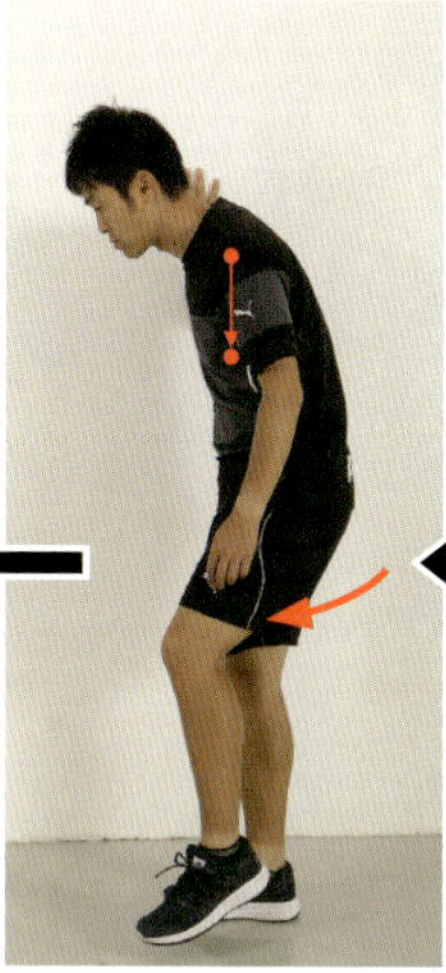

②右ページ②の要領で肩を落とす。その動きに合わせて脚を前に出す。

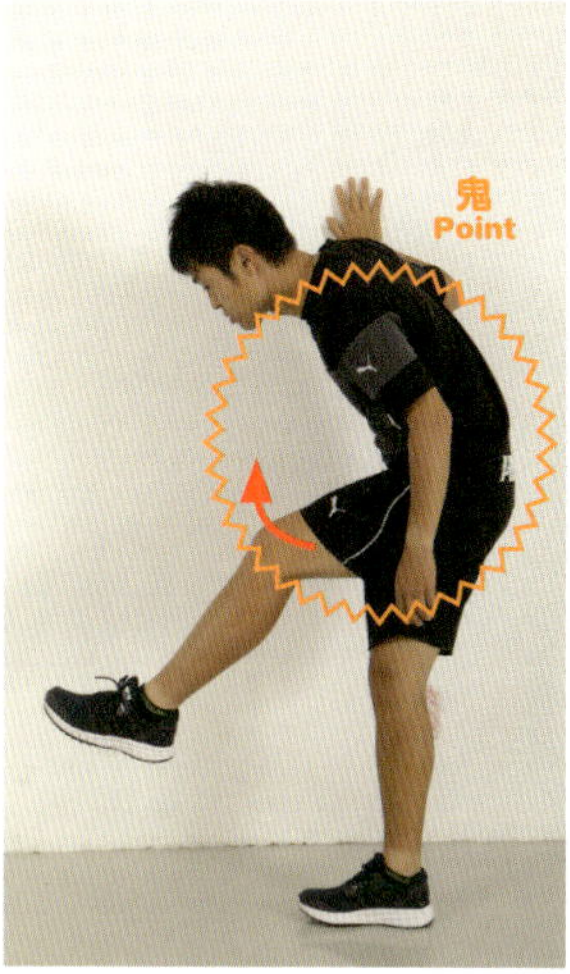

③蹴り脚に重心を乗せるように近づけていく。

キックの後のフォロースルー

この動きはキックに応用できる。キックというとどうしても脚の使い方に注目してしまうが、実は上半身の動きが重要なのだ。キックの練習はP.120に記している。

鬼 Point

胸と脚の距離をできるだけ近づけるのがポイント。脚を動かすのではなく、ゆるめたら勝手に戻ってくるイメージを持つ。

06

クネクネ

左右の股関節に体重を乗せる

股関節に体重を乗せた状態で、左右に体重を移す。移した方の上半身は伸び、反対側は縮む。

―〈 Key Word 〉―

・左右逆の動き

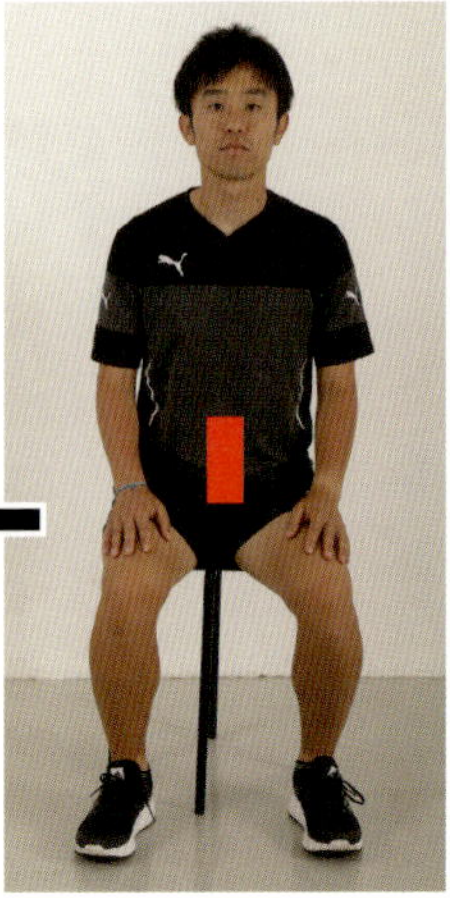

①「ニョキ」（→P.34）と同じように座る。重心が体の中心にあることを確認する。

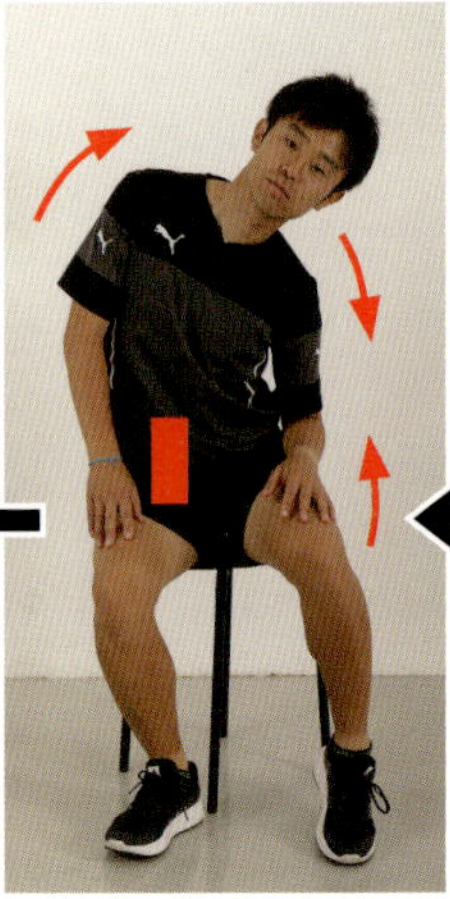

②重心を右に移す。その結果、移った方の上半身は伸び、反対側のお尻が浮く。

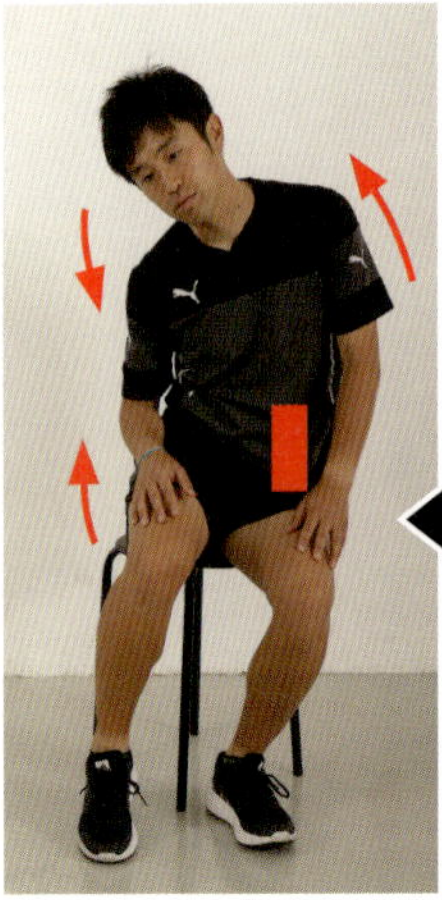

③反対側も同様に行う。重心が移動していることを常に意識する。

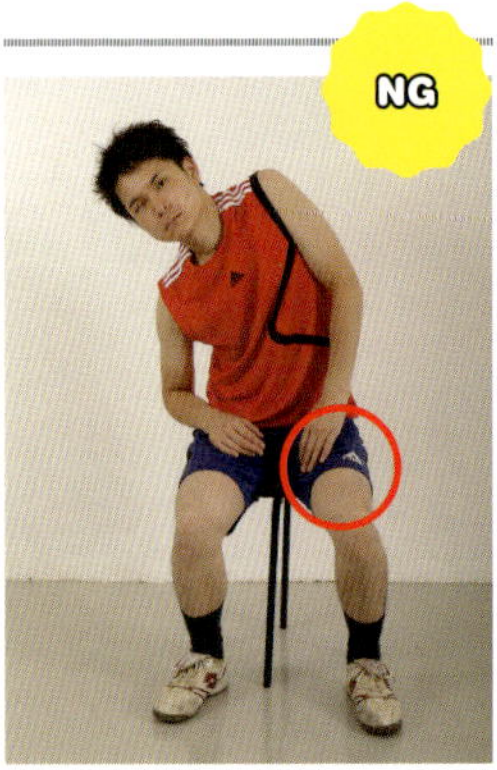

重心を動かさずに肩だけ上げるのはNG。倒した反対のお尻が浮いてしまうのは体重を移せていない証拠だ。

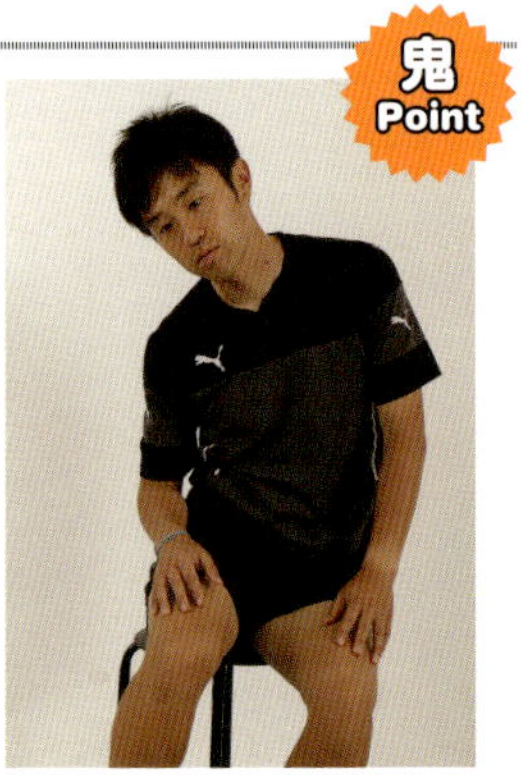

重心がどこにあるかを常に意識しながら行う。「ニョキ」が上半身の縦の動きなら、「クネクネ」は横の動きの練習だ。

同じメニューを立った状態で

①手を組んで上に大きく伸ばす。

②重心を右に移す。移した側のお尻は浮き上がり、逆側の脚はピンと張った状態になる。重心が乗っているのは「カカトのポイント」(→P.28)だ。

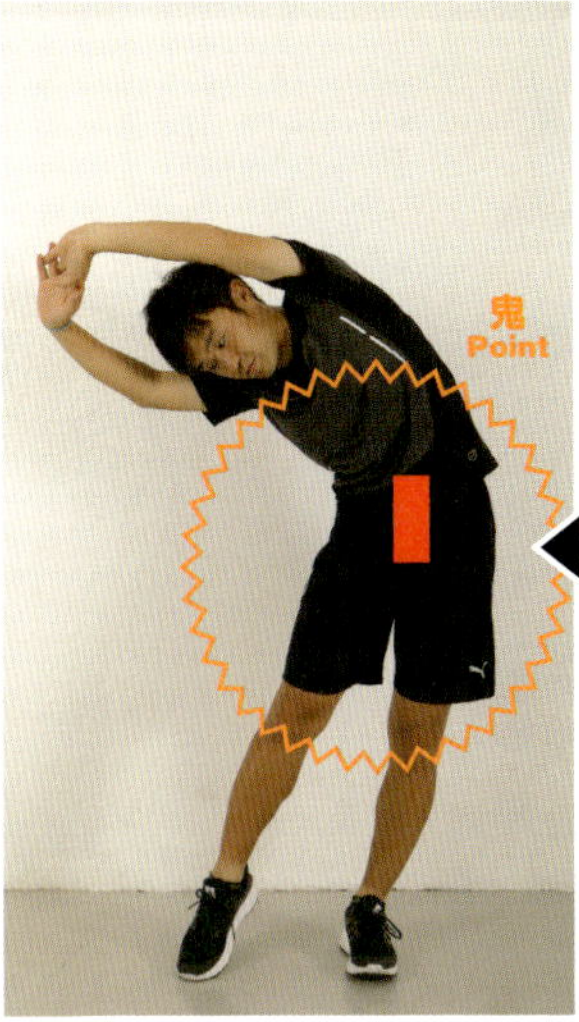

③反対逆側も同様に行う。

身体だけ曲げて反対の足が浮いてしまうのはNG。

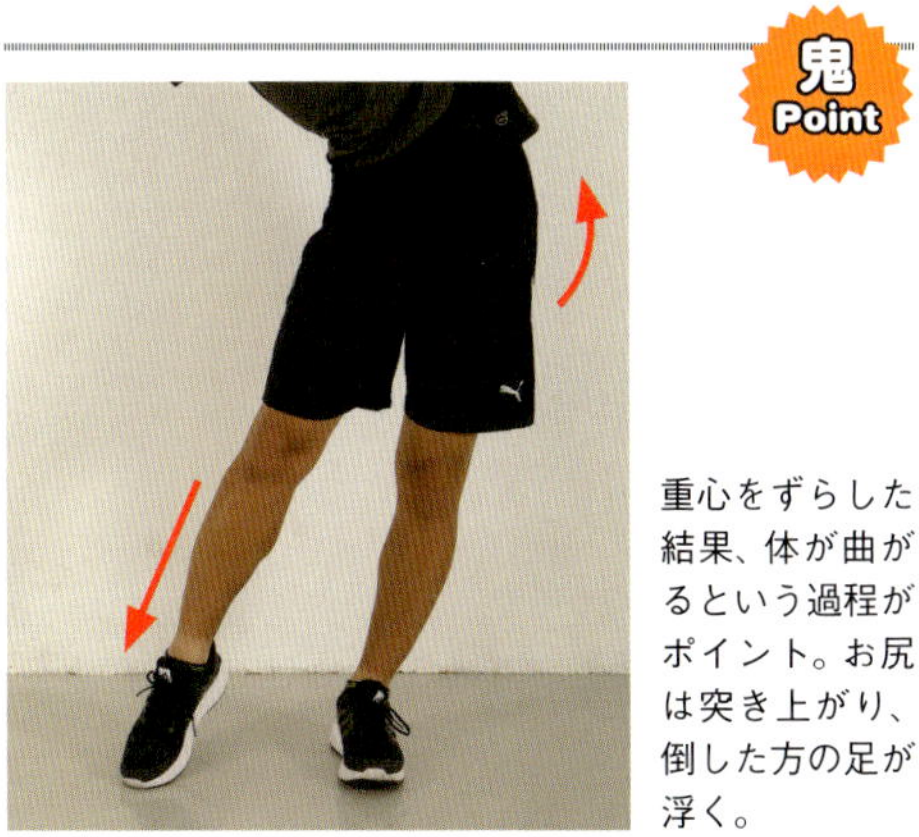

重心をずらした結果、体が曲がるという過程がポイント。お尻は突き上がり、倒した方の足が浮く。

CHAPTER 2

07 リセット

力んだ姿勢をもとに戻す

力んでしまった身体をリラックスした状態に戻す練習。自分が力んでいると気づきリセットできるかで、動きのスムーズさが変わる。

—〈 Key Word 〉—

- ニョキ
- リラックス
- 後ろのスイッチ

① カカトで地面を押して「後ろのスイッチ」(→P.30)を入れる。

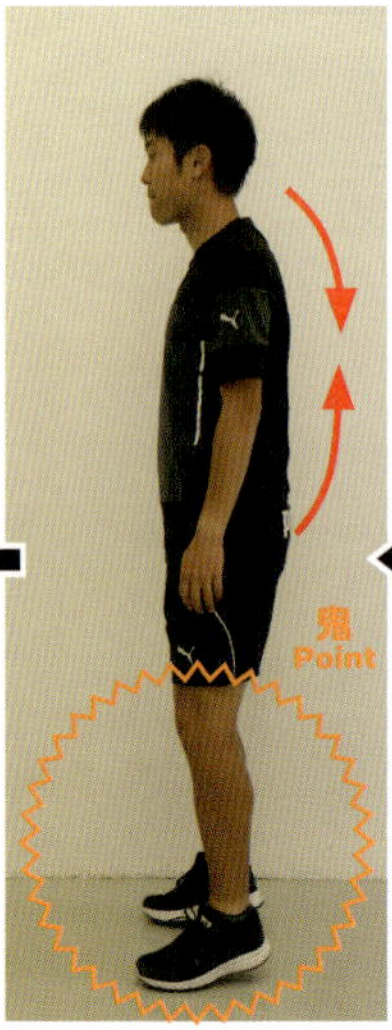

② お尻で体を引っ張るようにニョキっと伸び上がる。

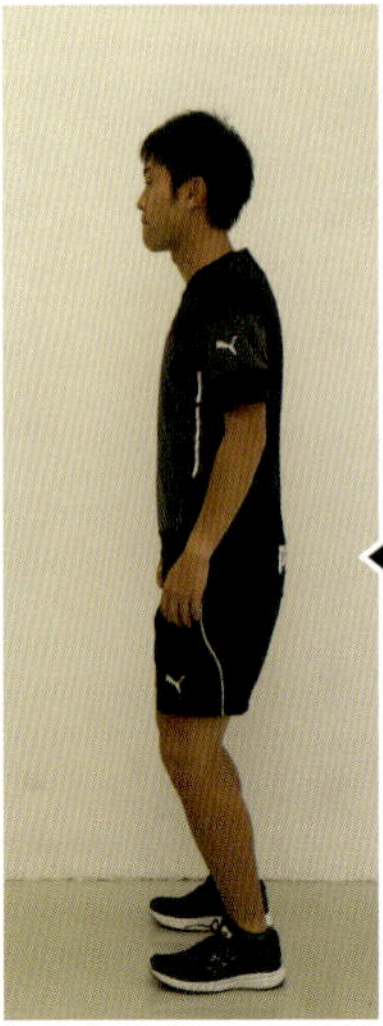

③ 着地した状態。「カカトのポイント」(→P.28)に乗って立っている。

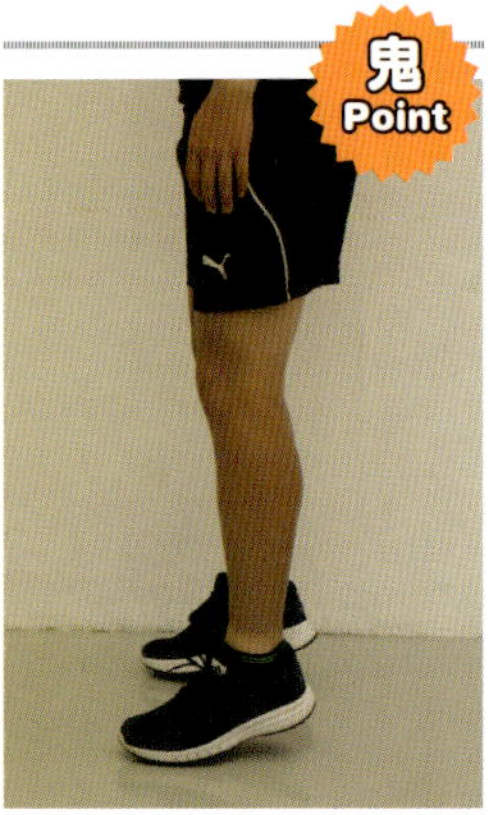

ひざの曲げ伸ばしの動きで跳ぶのではなく、全身で伸びるように行う。

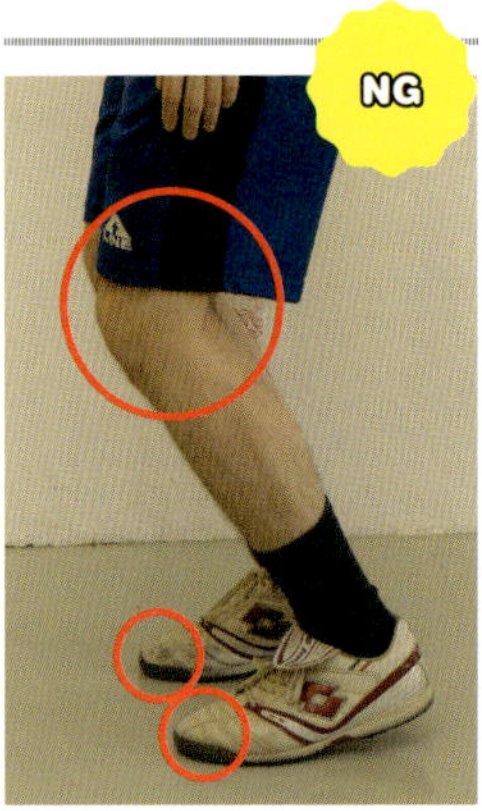

つま先立ちで跳ねたり、ひざが曲がりすぎたりするのはNG。次の動作がかえって遅くなる。

CHAPTER 2

08 リセットスクワット

—〈 Key Word 〉—
- カカトのポイント
- リラックス
- 後ろのスイッチ

股関節にしっかり体重を乗せるためのスクワット。カカトを浮かせず、カカトのポイントに重心を落とすようにしよう。

カカトのポイントへ乗せたまま お尻を真下に落とす

①「リセット」と同じように上に飛ぶ。つま先で飛ばず、ひざも曲げすぎないように。

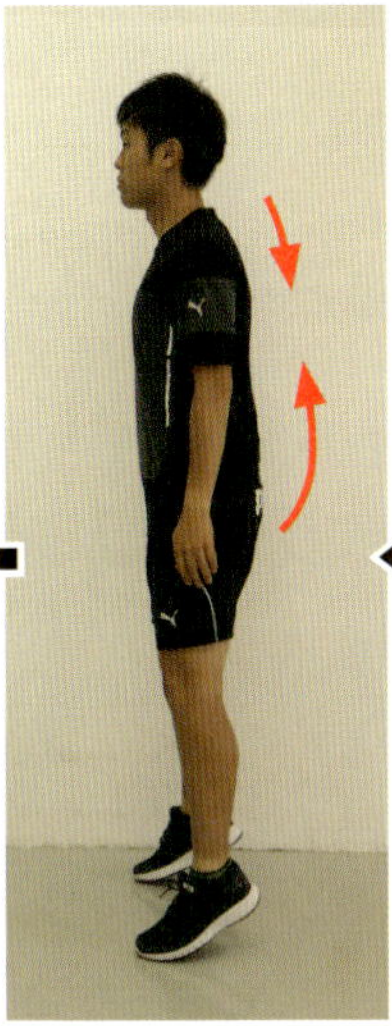

②お尻で体を引っ張る意識で飛ぶ。

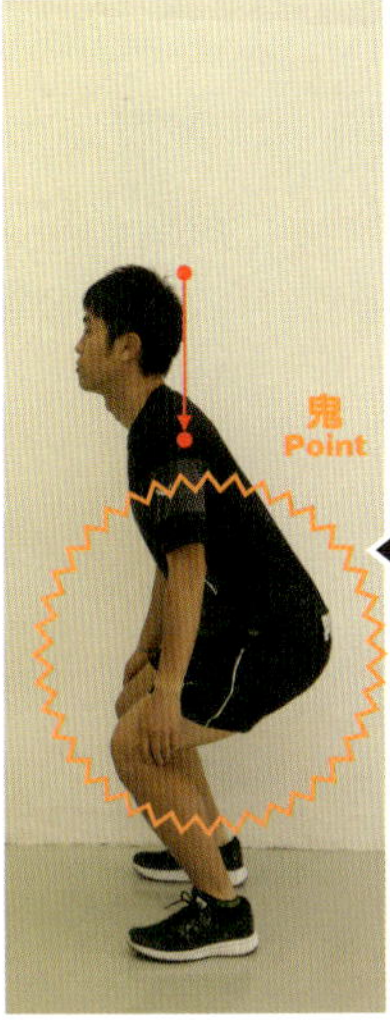

③着地と同時に身体を落とす。体重をカカトのポイントへ乗せたままおろしていく。

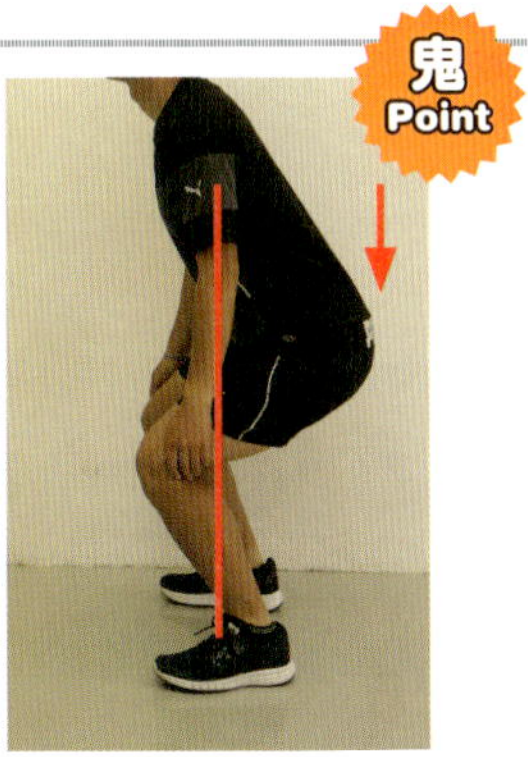

肩の落とし方は「ニョキ」(→P.34)と同じだ。体重がしっかり乗れていたら、上から押されてもたえられる。

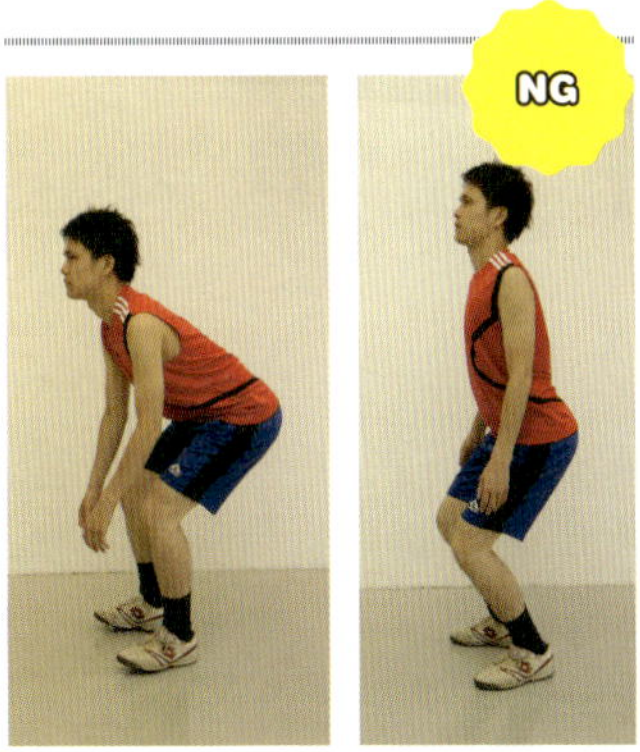

背中が反りすぎたり、前傾しすぎたりするのはNG。どこかに余分な力が入ってしまっている状態だ。

CHAPTER 2

09

ワイドスタンススクワット

―〈 Key Word 〉―

・カカトのポイント

四股を踏むようなイメージで、ひざとひざとの間にお尻を垂直に落とす。つま先は開き、どちらにも動ける体勢を作ろう。

ひざの間に体が入る幅 お尻を垂直に落とす

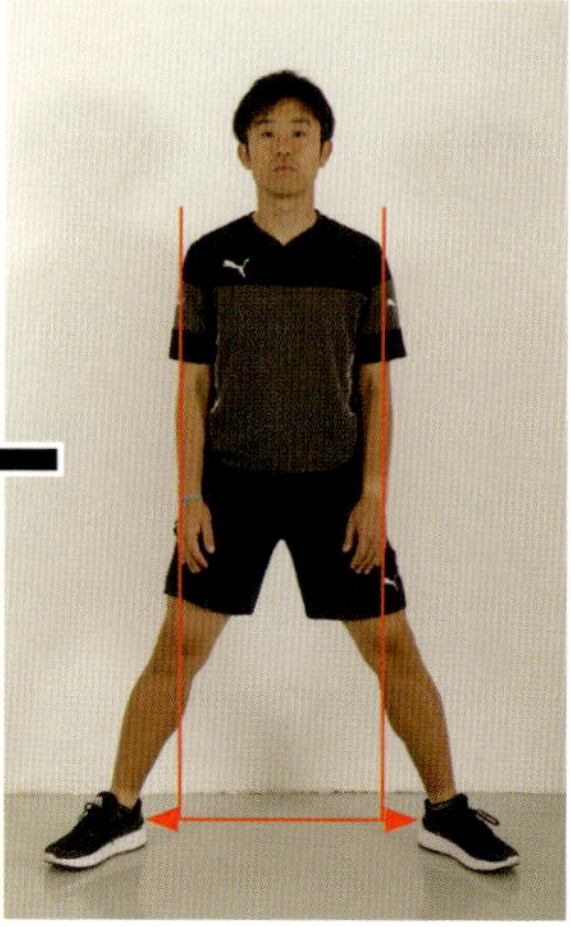

①ひざに肩幅が収まるくらい開く。つま先は外側を向ける。

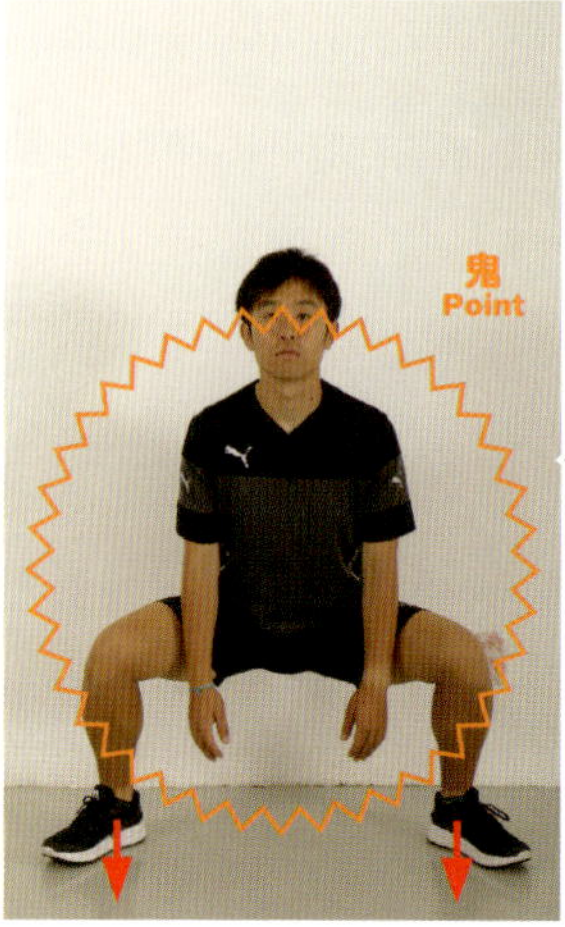

②前方にも後方にも身体を倒さず、「カカトのポイント」(→P.28) にまっすぐ乗せたままひざとひざとの間にストンと身体を落とす。

鬼 Point

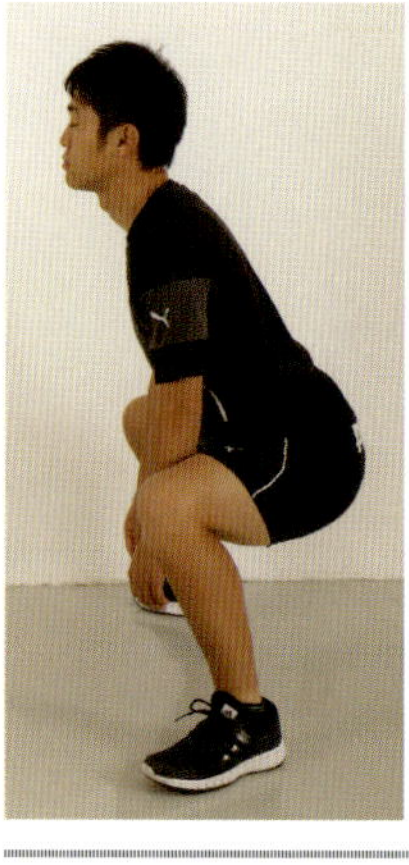

「カカトのポイント」に体重を乗せたままお尻を垂直に落とすことがポイント。まっすぐ乗ると、上半身の力が抜けてくる。続けることで、深くまで落とせるようになる。

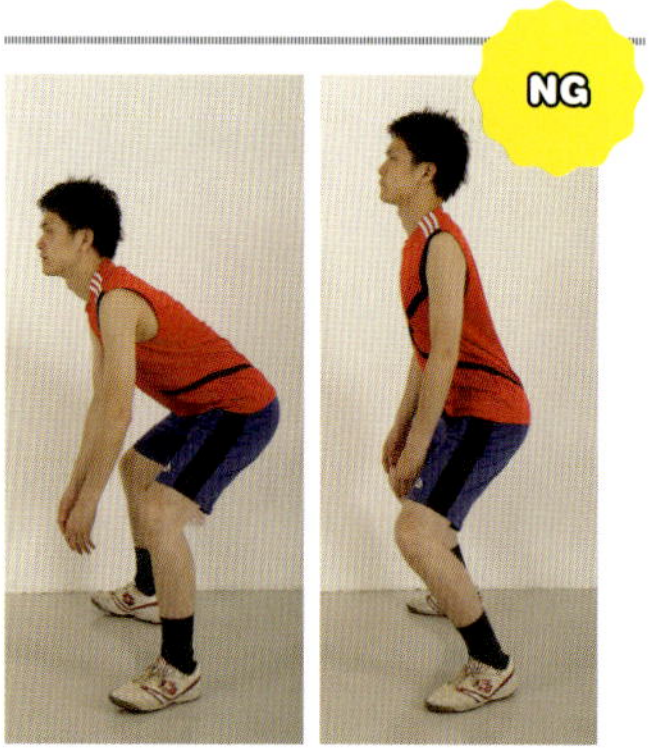

「カカトのポイント」にまっすぐ乗らないと、お尻が突き出たり反り腰になったりする。

CHAPTER 2

10 ランダムランジ

常に重心の下に脚がある

〈 Key Word 〉

- カカトポイント
- ドーナツ

大股歩きと同じように、身体の真下に脚がくるようにはこぶ。踏ん張らないことがポイント。脚を出すのは前後左右どこでもいい。

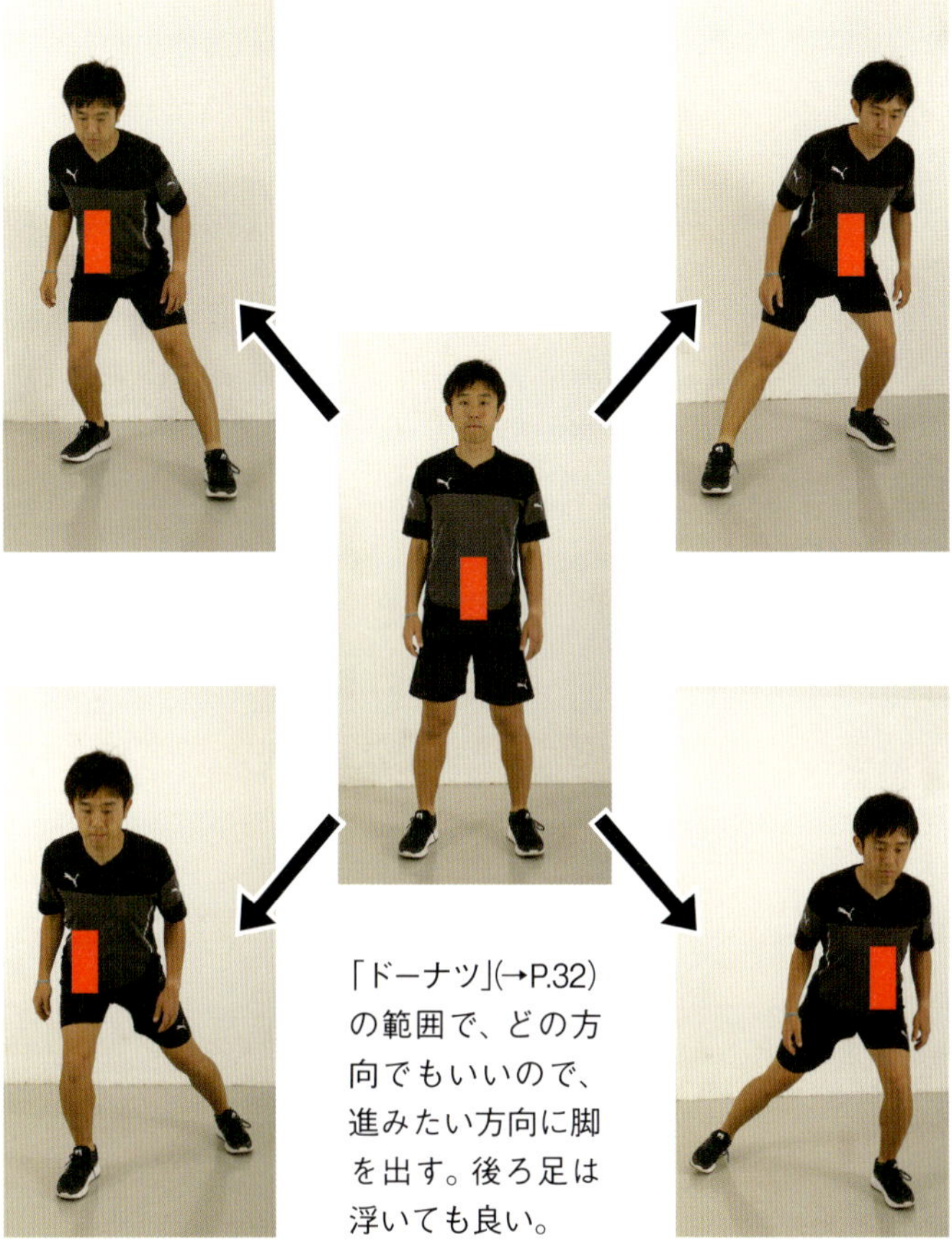

「ドーナツ」(→P.32)の範囲で、どの方向でもいいので、進みたい方向に脚を出す。後ろ足は浮いても良い。

脚だけを出したり、脚がブレーキになってしまい身体の下に脚がないのはNG。脚と重心の距離を適切に保つ。

11 足踏みインサイド

胴体の動きで足が動く

「ニョキ」で脚が連動することを覚える練習。スイッチの入れ方に注意する。

—〈 Key Word 〉—

・ニョキ

①カカトで地面を踏み、「後ろのスイッチ」（→P.30）を入れて、「ニョキ」（→P.34）っと伸びる。蹴り脚と逆の脚（写真では左脚）を軽く上げる。

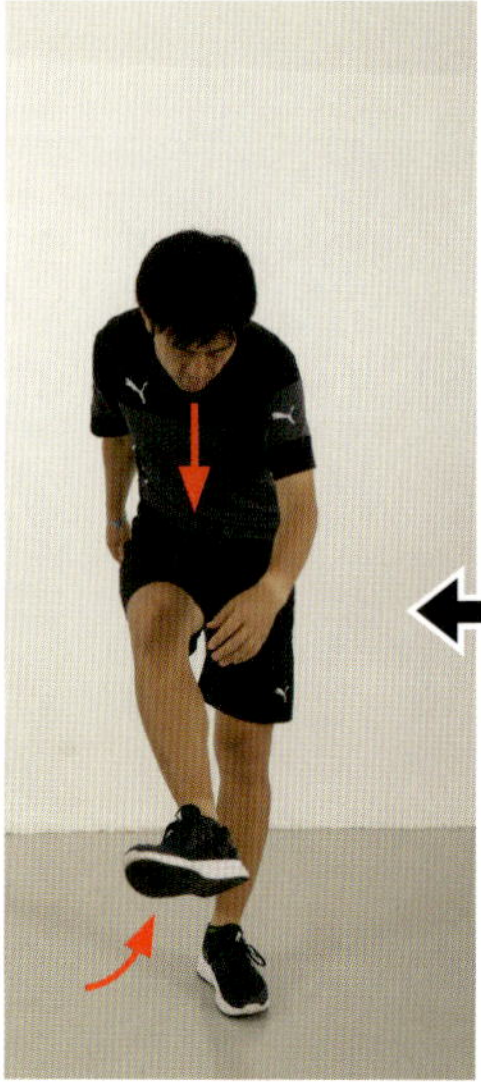

②肩をまっすぐに落とし、胸にひざを近づける。全身をゆるめ、蹴るポイントに身体を近づけるイメージ。

蹴るというよりも、「ひざを胸に近づける」イメージ。その結果、脚がついてくる。

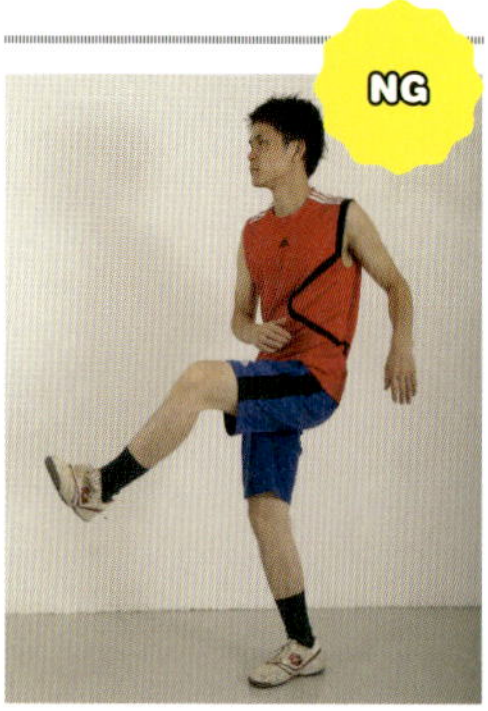

足を上げると、胴体は固まり、連動しない。

Chapter 1
Chapter 2
Chapter 3
Chapter 4
Chapter 5

CHAPTER 2

12 足踏みアウトサイド

〈 Key Word 〉

・ニョキ

「ニョキ」でアウトサイドを動かす。蹴り脚を上げるのではなく、立ち脚を踏み込む反動で脚を上げよう。

足を上げるのではなく逆足を踏む

①カカトで「後ろのスイッチ」(→P.30)を入れて「ニョキ」(→P.34)っと伸びる。蹴り脚と逆の脚(写真では左脚)を軽く上げる。

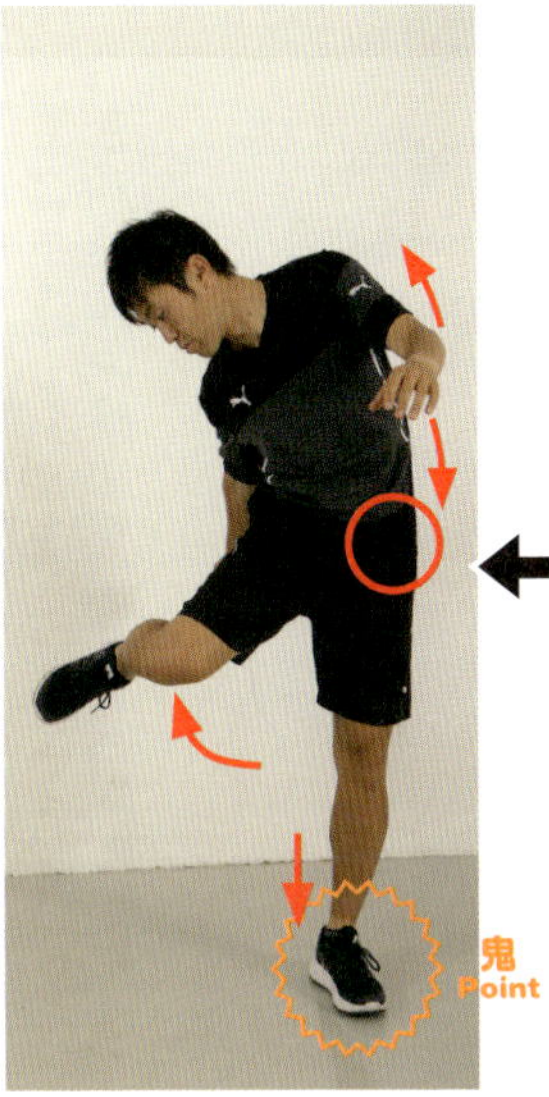

②左脚を踏み込み、その反動で右脚を上げる。上げる時はひざを脇腹に近づけるイメージ。上半身は「クネクネ」(→P.36)で曲げる。

NG

足を上げすぎるとバランスを取るために上半身がのけぞってしまう。なるべく脚の根元から動かすイメージで。

鬼 Point

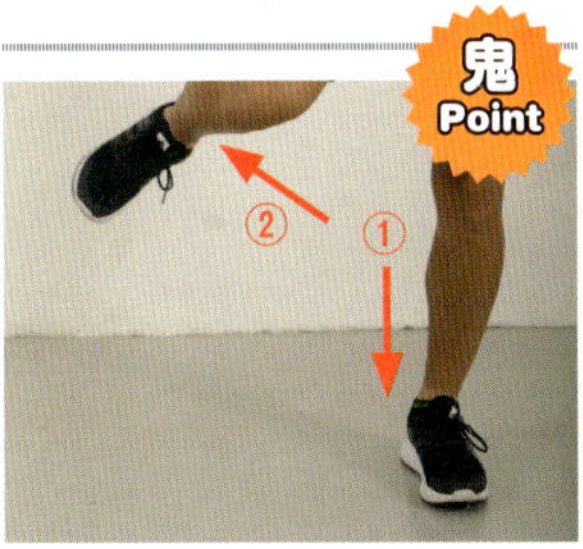

立ち脚を踏むから逆脚が上がる。蹴り脚とそのひざに力を入れすぎないように。

CHAPTER 2

13 足踏みもも上げ

「ニョキ」で ももを上げる

①「足踏みインサイド」と同じく、「ニョキ」(→ P.34)っと伸びる。

②上半身に連動して脚が上がる。ももに胸を近づけるイメージ。

〈 Key Word 〉

・ニョキ
・クネクネ

基本的な動きは「足踏みインサイド」と変わらない。意識するのは「ももに体重を乗せること」で、マラドーナのももリフティングがイメージだ。

鬼 Point

「ももに体重を乗せる」という感覚で行う。脚は浮いているがそこに体重を乗せることでボールが上に上がるイメージを持つ。

NG

ももだけが無駄に上がるのはNG。上半身の「ニョキ」と合わせてひざを近づける。

「クネクネ」で脚を上げる

①クネクネ（→ P.37）で縮めた方の脚が上がる。

②脚を下ろしたらリセット（→ P.38）を入れて反対側でもやりやすい体勢をとる。

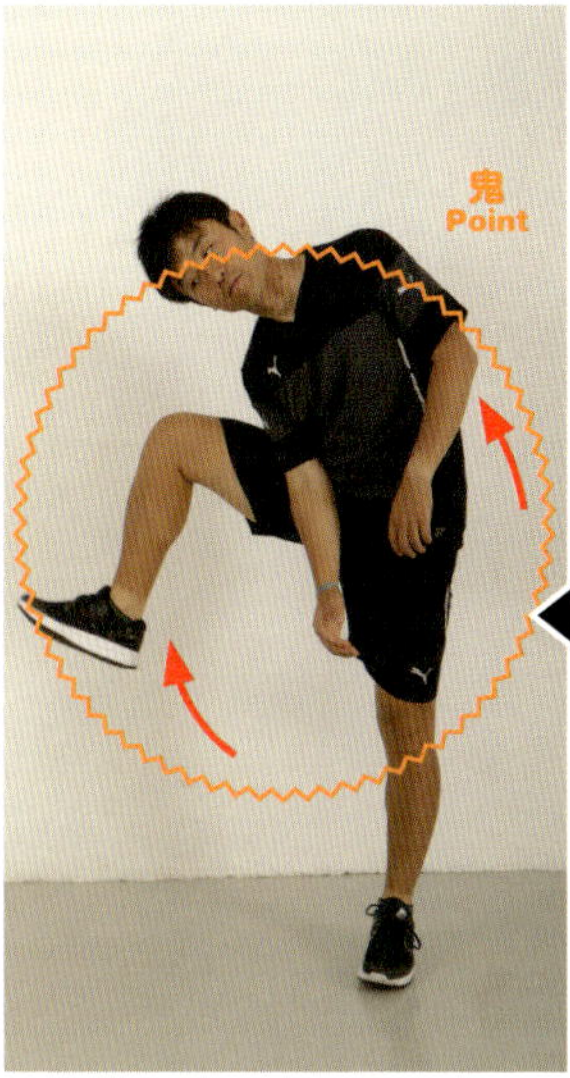

③逆側も同様に行う。

NG

足を上げようとすると固まってしまい連動しない。

鬼
Point

地面を適切に踏むことでスイッチが入り、全身が連動する。

CHAPTER 2

14

回転股関節

「ニョキ」と「クネクネ」の複合練習

ブラジル体操の運動のひとつをイメージするとわかりやすい。上半身は「ニョキ」と「クネクネ」の両方の動きが必要だ。

—〈 Key Word 〉—

- ニョキ
- クネクネ

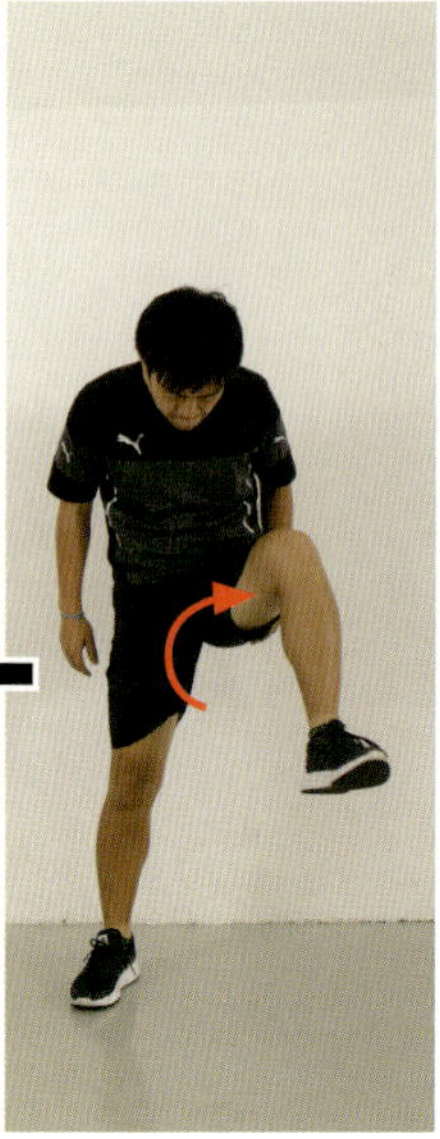

①「ニョキ」(→P.34) でももに胸を近づけながらひざを回す。

②脚をおろしたら上半身を起こし、反対側でもやりやすいようにリセット (→P.38)。

③逆も同じように行う。

鬼 Point

しっかりと上半身を丸めて、ひざに近づける。脚はももの付け根から回す。

ひざ下を回すだけで、上半身が連動していない動きはNG。

CHAPTER 2

15 上体ひねり

ラジオ体操のひねる動きをより中心に意識を据えて

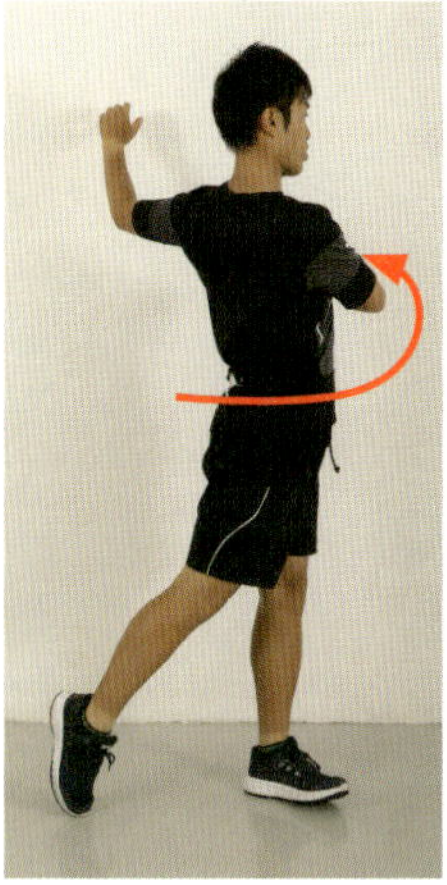

①腕を振って身体を大きくひねる。重心はひねる側の脚に乗せ、逆側の脚はつま先が立つ。

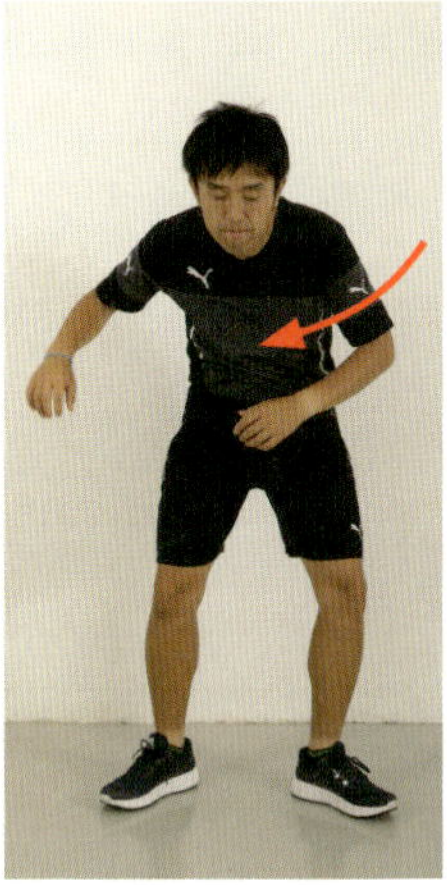

②重心を中心に戻し、逆側へ移す。この時、上半身を落として「ニョキ」(→P.34)の姿勢をつくる。

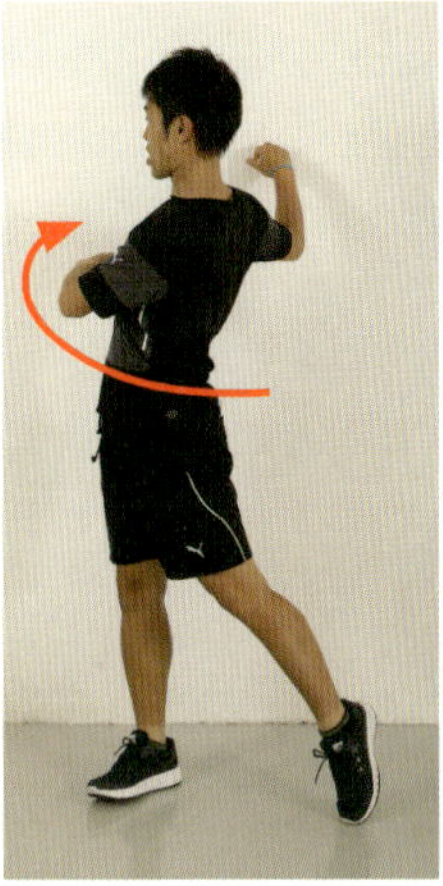

③逆側も同様に行う。

—〈 Key Word 〉—

・ニョキ
・クネクネ

「ニョキ」と「クネクネ」を合体させる。上半身だけを回さないように、身体全体でひねる。

鬼Point

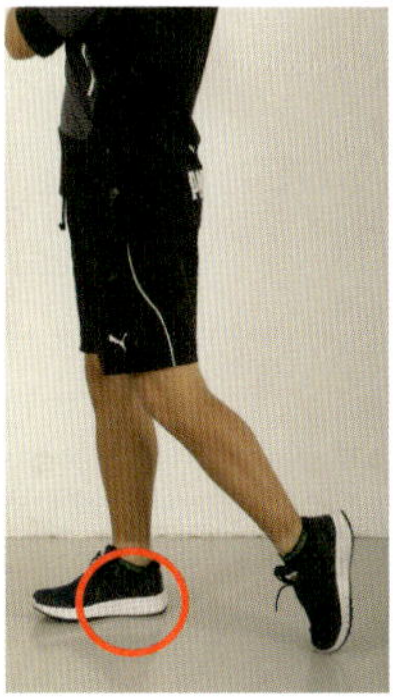

ひねる側のカカトで地面を押し、伸びるようにひねる。

NG

下半身を動かさずに腕のみのひねりになるのはNG。

COLUMN 1

目線の方向でスイッチが変わる

目線によって力が入る場所が変わることは、「スイッチの確認」(→P.32) で解説しました。もう少し具体的に話をしましょう。

２人組になってください。ひとりは正面を向いてください。もうひとりは正面を向いている人の服、腰のあたりを引っ張ってみてください。引っ張られた方は姿勢を保ったまま前に進んでみてください。進めましたか？　引っ張った方も進んだ方も、今の力加減を覚えておいてください。

次に、進む側は下を向いてください。引っ張る側は同じ力加減で同じ場所を引っ張ってみてください。どうですか？　きっと正面を向いていたときには前に進めても、下を向くと引っ張る力に負けて後ろによろめいたと思います。

このように、人間は視線を向ける先によって力が入る場所が変わります。正面を向くと後ろ側のスイッチ、下を向くと前側のスイッチが入るのです。

これをサッカーに例えるとどうなるか。ネイマールのプレーを見てみてください。彼は背後からDFのプレッシャーを受けることがたくさんありますが、顔が下を向いたり前屈みの姿勢になったりすることはあまりありません。顔を上げて、周りを見ながら相手を背負っています。激しいチャージを受けて転倒することが多い印象ですが、実は正当なチャージに対してはきっちりと受け止めているのです。

前を向くと後ろ側のスイッチが入り、引っ張られても前に進める。

下を向くと前側のスイッチが入り、引っ張られると後ろに引きずられる。

CHAPTER 3

大きい動きでニョキ

大きな動きでも
重心移動を利用する

2章で重心の位置やドーナツの範囲を感じるメニューを紹介しました。今度は、より大きな動きで重心移動を身につけるメニューです。

大きな動きになると、ダッシュやターンなど、より筋力が必要な動きが出てきます。そうなると足で踏ん張ってしまい、体重移動になりやすくなってしまいます。

とっさの反応でも重心移動で動けるように、普段から大きな動きで重心の感覚をつかんでおくことが大切です。

《大きい動きでニョキ》
Chapter 1
Chapter 2
Chapter 3
Chapter 4
Chapter 5

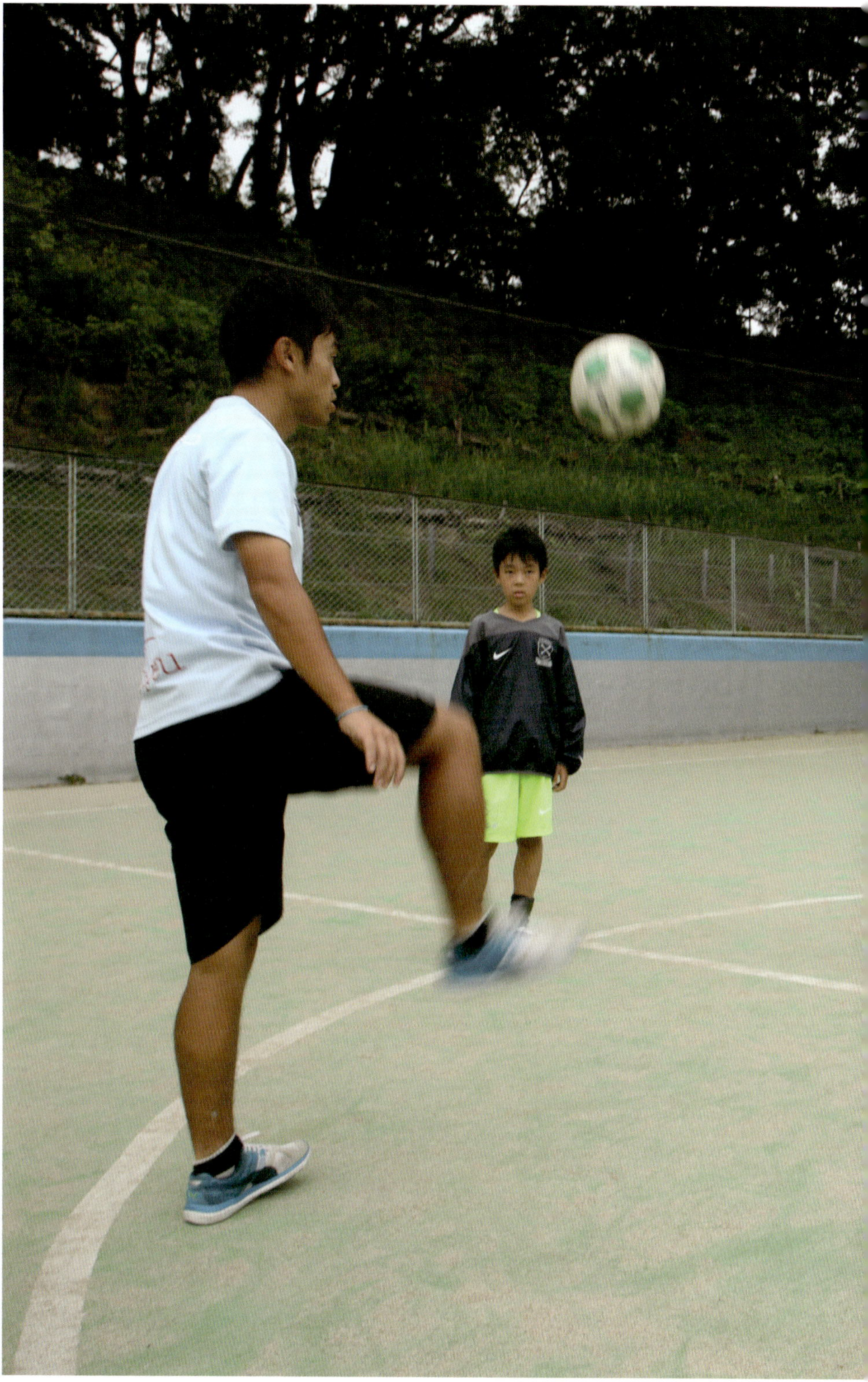

CHAPTER 3

01

重心移動を知る

—〈 Key Word 〉—

・重心移動
・体重移動

体重移動と重心移動の違いを知るメニュー。重心移動ができれば、無駄なエネルギー消費を抑えスムーズに動けるようになる。

重心移動

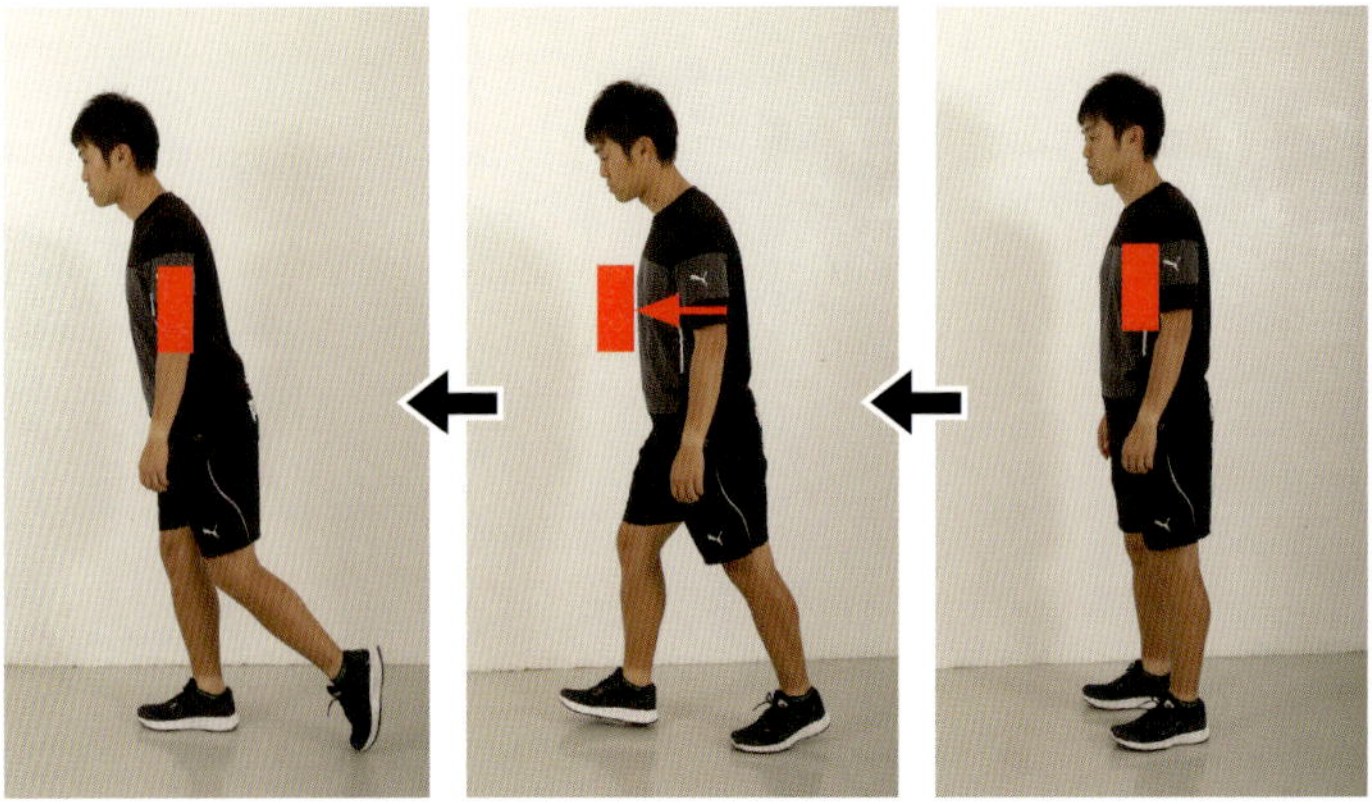

重心移動は、身体が動きたい方向に動き、その身体に対して脚が後からついてくるイメージ。接地した脚の上に身体が乗っていることがポイントだ。「ドーナツ」(→P.32)の範囲内で行きたい方向に身体を向ける。重心が元の位置に残っていないので、次の動きにもスムーズに対応できる。

体重移動

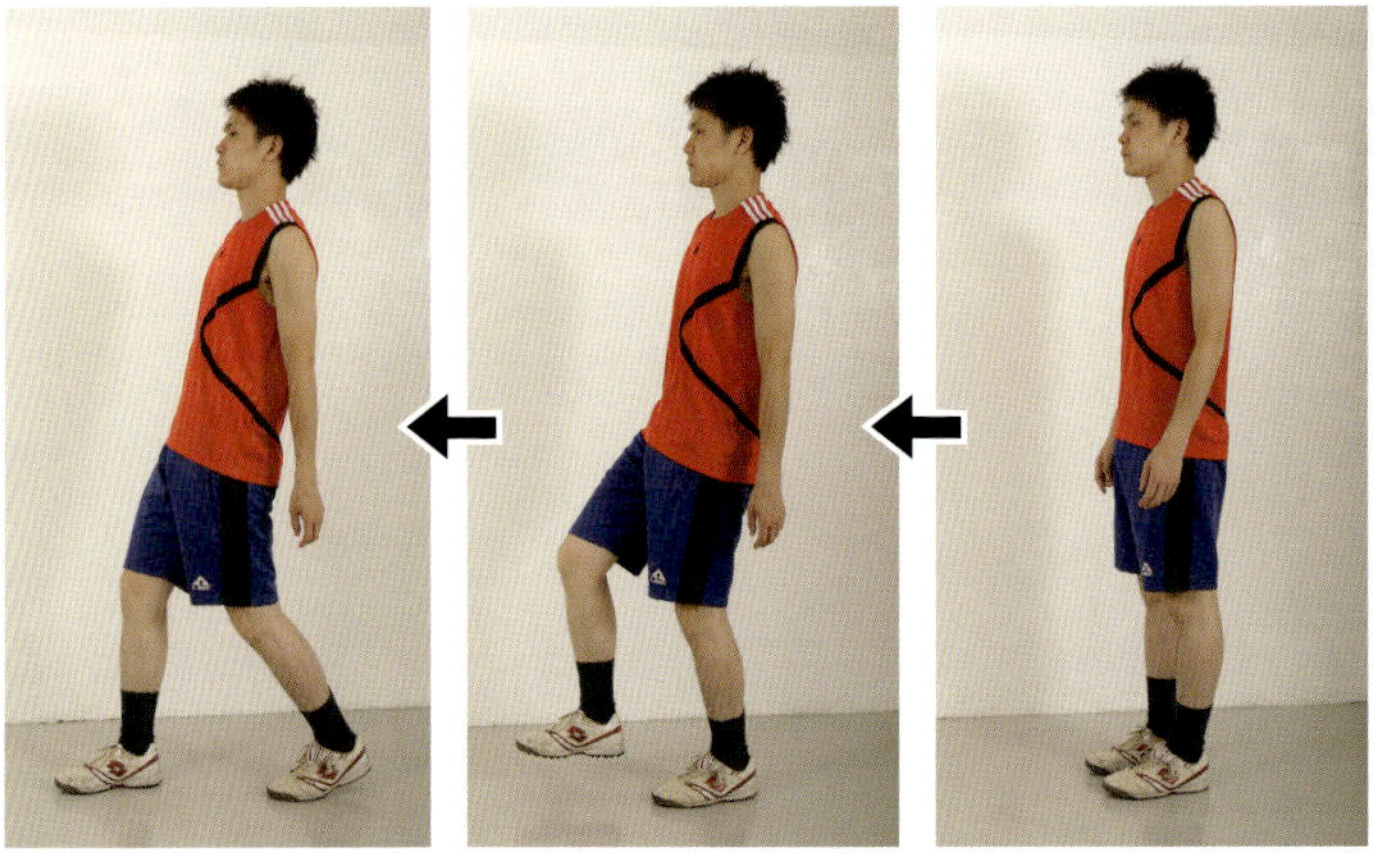

体重移動は脚が先に出ており、身体がついてきていない状態。残っている身体を片脚立ちで押すことになり、移動のためにより大きな力が必要になってしまう。無駄な力が入ることでエネルギー消費が増え、スタミナ切れを起こす原因にもなる。

重心移動

横方向への重心移動。身体がまずドーナツの範囲内で向かいたい方向に動き、そこに脚がついてくる。この連続なので、動く際に後ろ足で踏ん張る必要がない。身体が残っていないので、自然と脚が出てくる。「重心が先に動き、その動きに脚がついていく」という感覚をしっかりつかもう。

体重移動

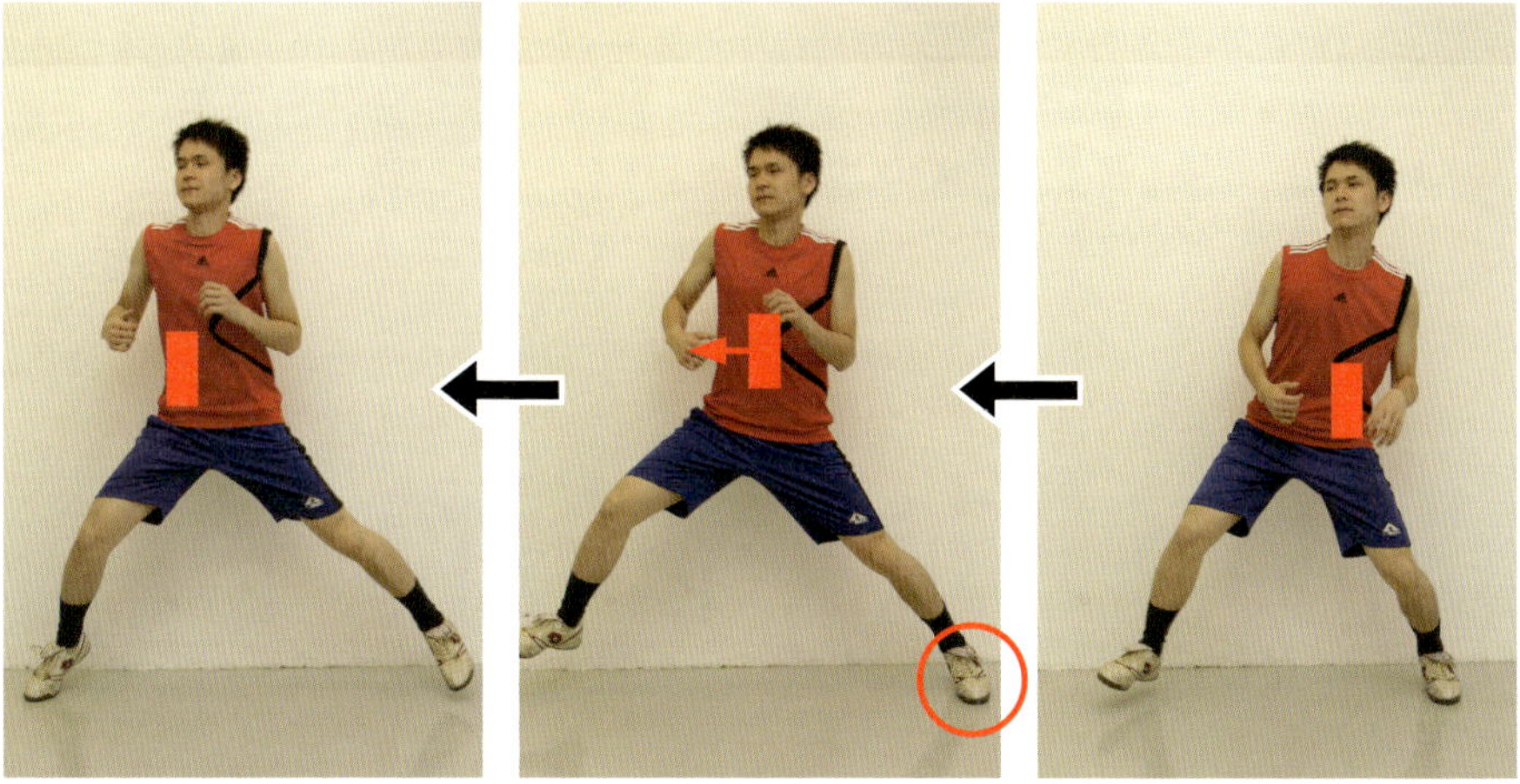

足から先に動き、重心が移動するよりも先に足が接地した状態。重心が残り、それを片脚立ちで押して移動させるため、大きな力が必要になってしまう。

02

スキマジョギング

力を入れずに走り出す方法を覚える練習。身体を傾けてスキマを作り、自然と前に出る範囲を知る。

〈 Key Word 〉

・傾ける
・スキマ
・前に出る

身体を前に傾ければ足が勝手に前に出る

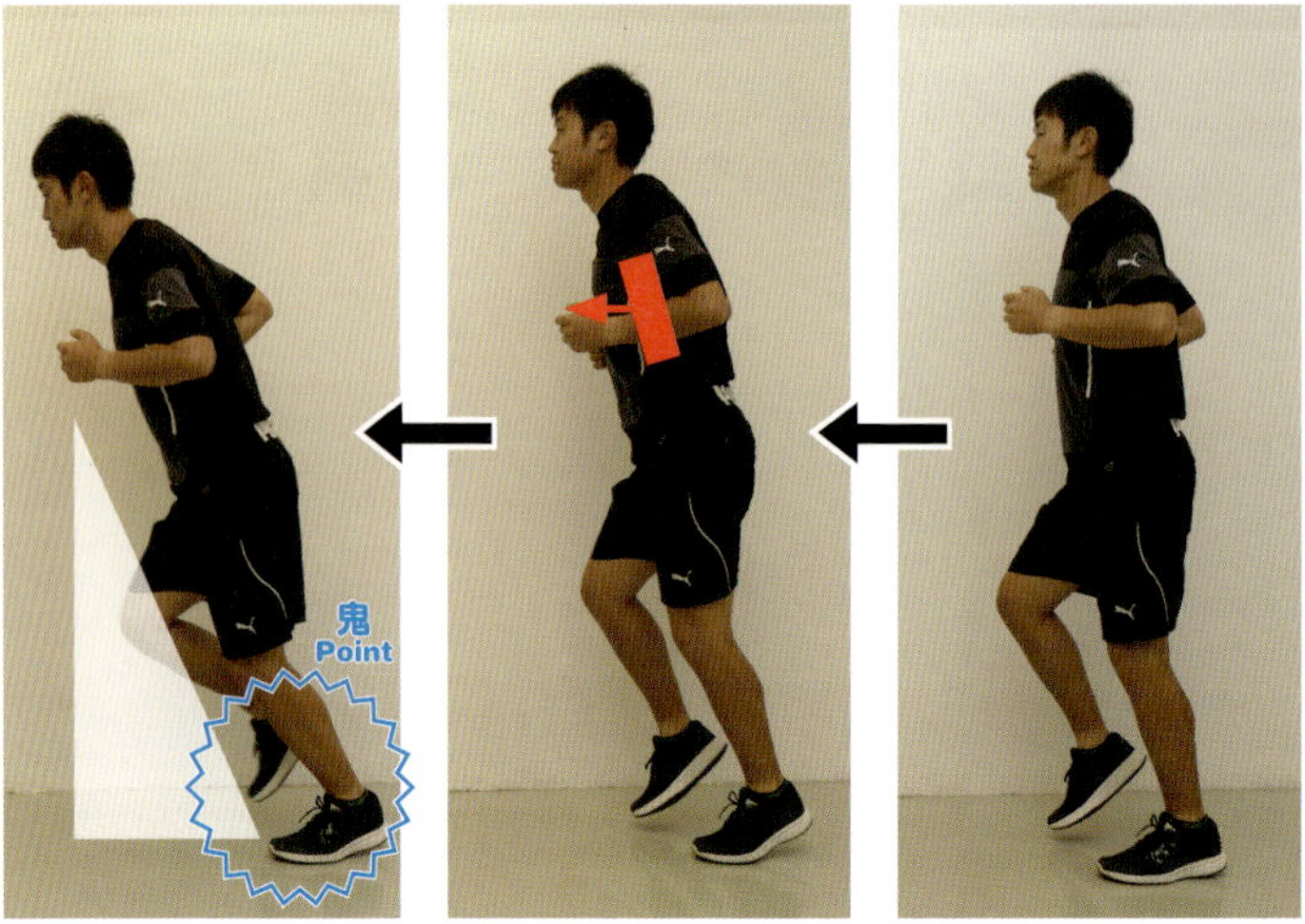

①その場で脚をおろすように足踏みをする。

②行きたい方向に少しずつ身体を傾ける。重心が平行に移動するイメージを持つ。

③ある程度傾けると身体が勝手に前に進み出す。身体を傾けてできた三角形のスキマに重心を運ぶイメージ。

「足を上げよう」という意識で動かすと、重心が後ろに残ってしまい、身体を前に進ませるために後ろ足でぐっと押す必要が出てくる。「脚を下ろす」という意識を持つことが重要。接地する瞬間に１つ前の空間に身体を持っていくことで、勝手に身体が前進していく状態を作る。

身体を横に傾ければ足が勝手に横に出る

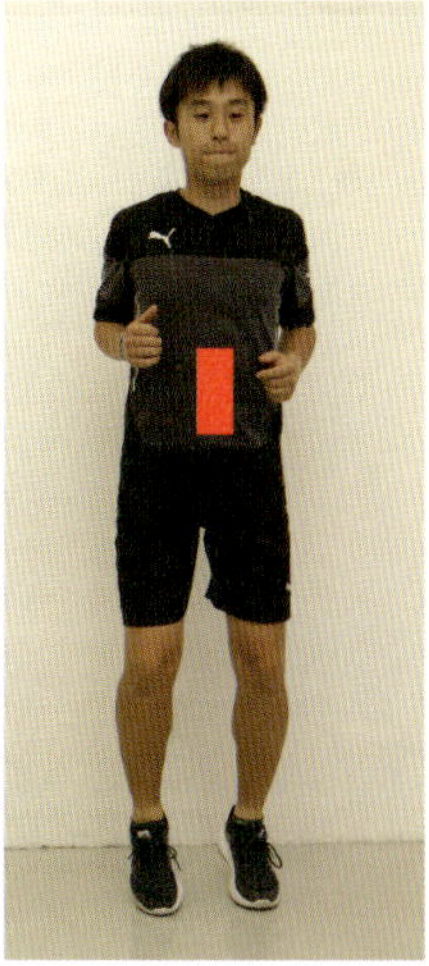

①横に移動する際も同じ。脚をおろすように足踏みをする。

②行きたい方向に身体を傾け、三角形のスキマに自然に重心を移動させる。

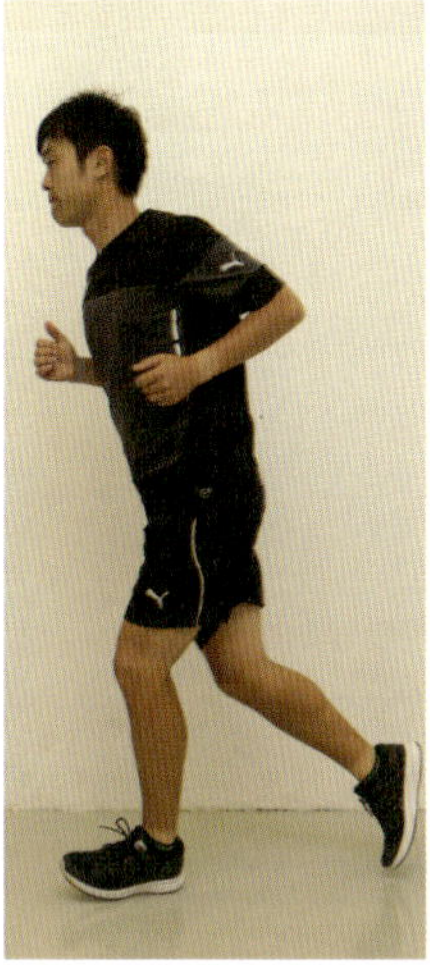

③ついた脚を身体が乗り越え、重心が移動した先にまた脚を下ろすイメージ。

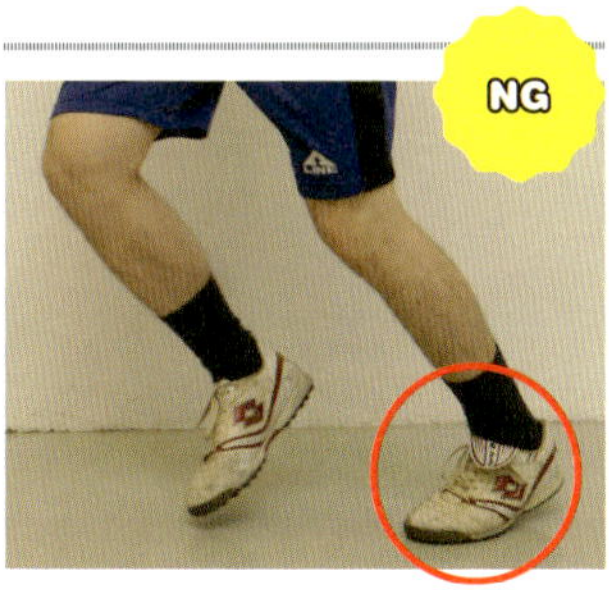

進行方向と反対の足で踏ん張ってしまうとNG。重心が残っていると反対足で押してしまう。脚がクロスしてもいいので、行きたい方向に身体を傾けて「結果として」脚が出る状態を作ること。

CHAPTER 3

03 ニョキップ

重心を行きたい方向に向かわせる

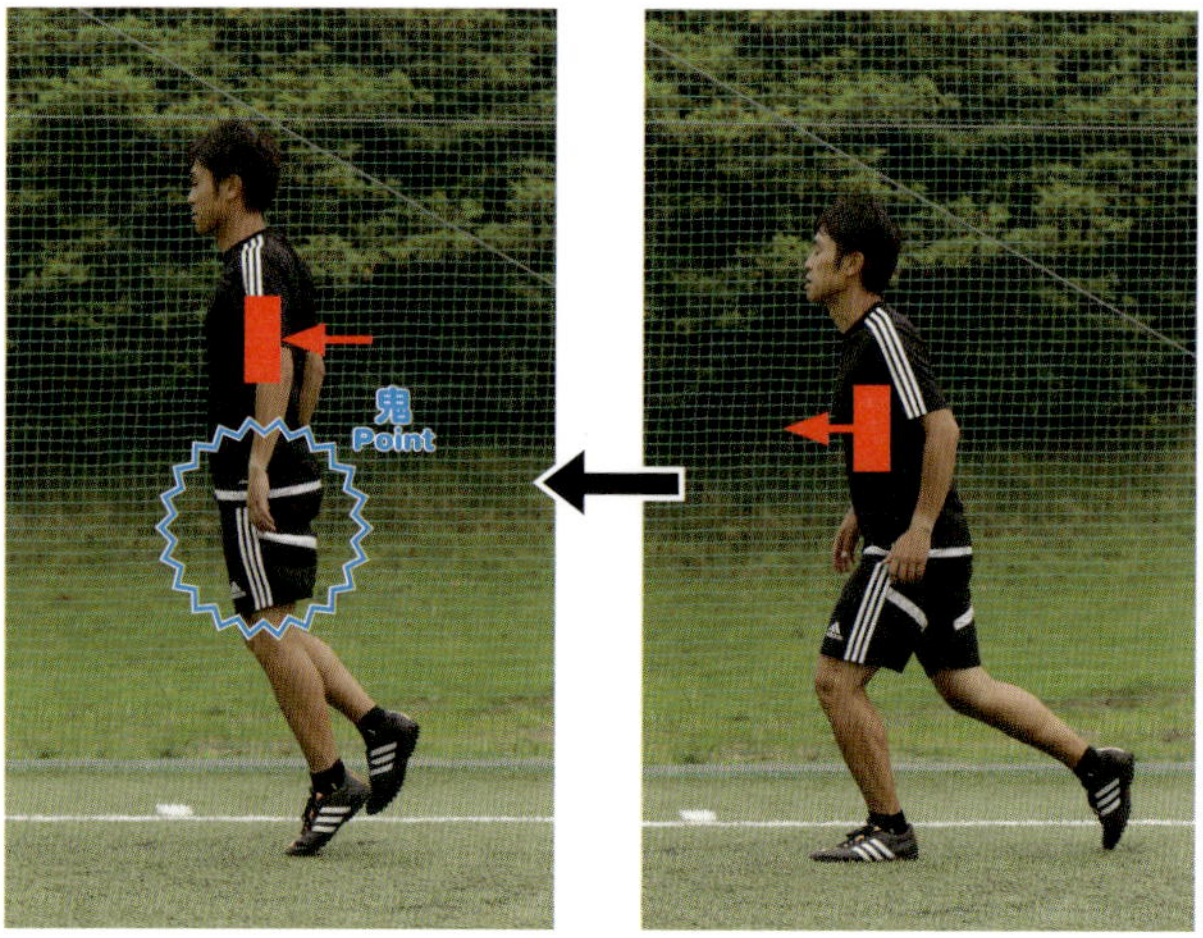

重心を前に運び、そこに、後ろ脚がついてくるように「ニョキ」（→ P.34）っと跳ねる。「ニョキ」は足が地面に着いた瞬間。

―〈 Key Word 〉―

- 身体を前に出す
- ニョキ
- 脚がついてくる

重心移動でスキップをする。足で動くのではなく、「ニョキ」っと動く。脚を上げるのでなく「全身のニョキで脚が動く」イメージを持つ。

出した脚を身体が乗り越えていく。脚が常に重心の下にあることが重要なポイント。ひざや足先が身体より前に出ることはなく、「ドーナツ」（→P.32）の範囲内で動く。

足が上がるのは普通のスキップ。足を上げるので片脚立ちになり、地面を押してしまう。

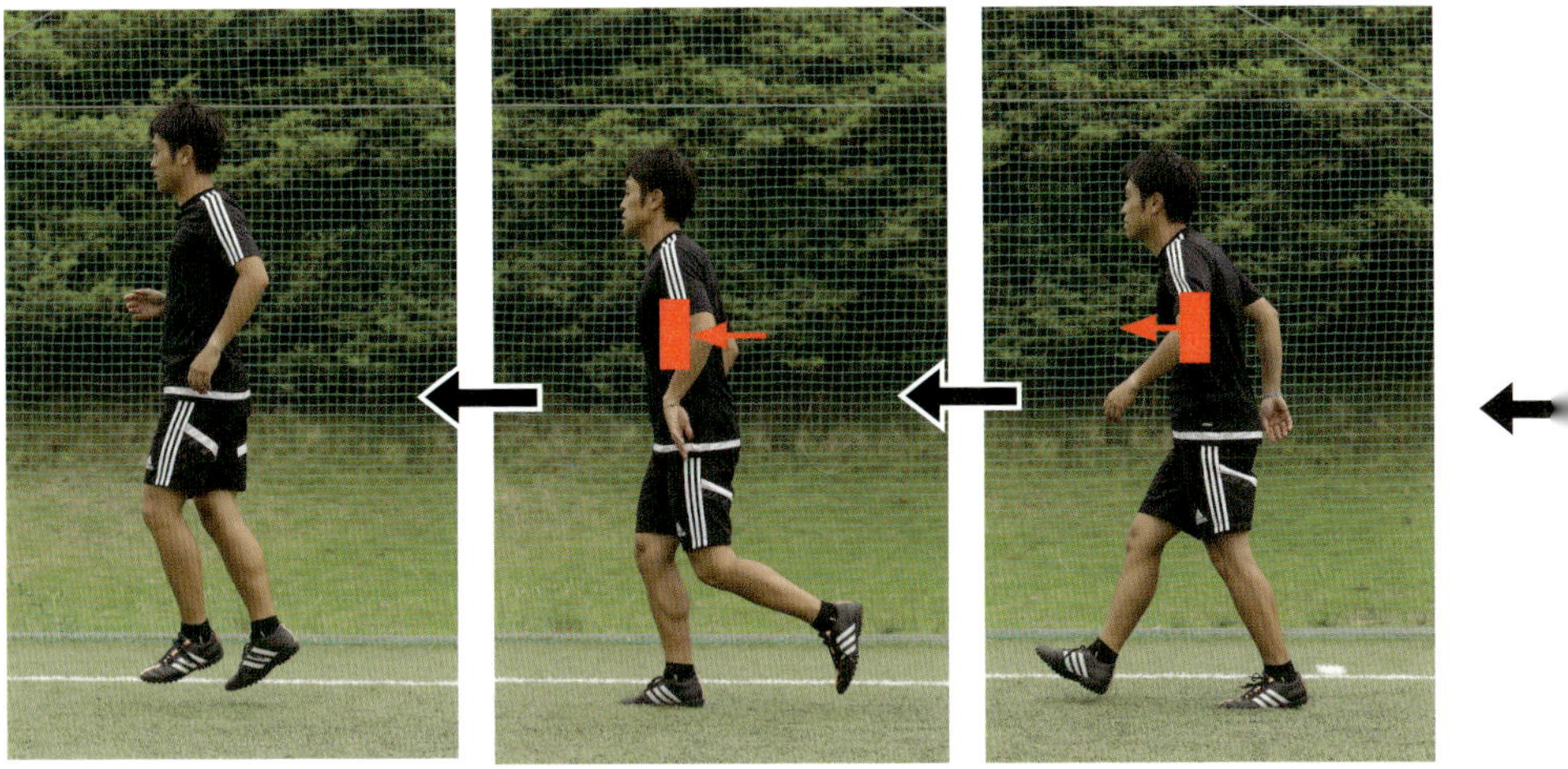

身体を元の位置に残さず、行きたい方向に向かわせる。重心が元の位置に残っていないので、次の動きにもスムーズに対応できる。

後ろ向きにニョキップ

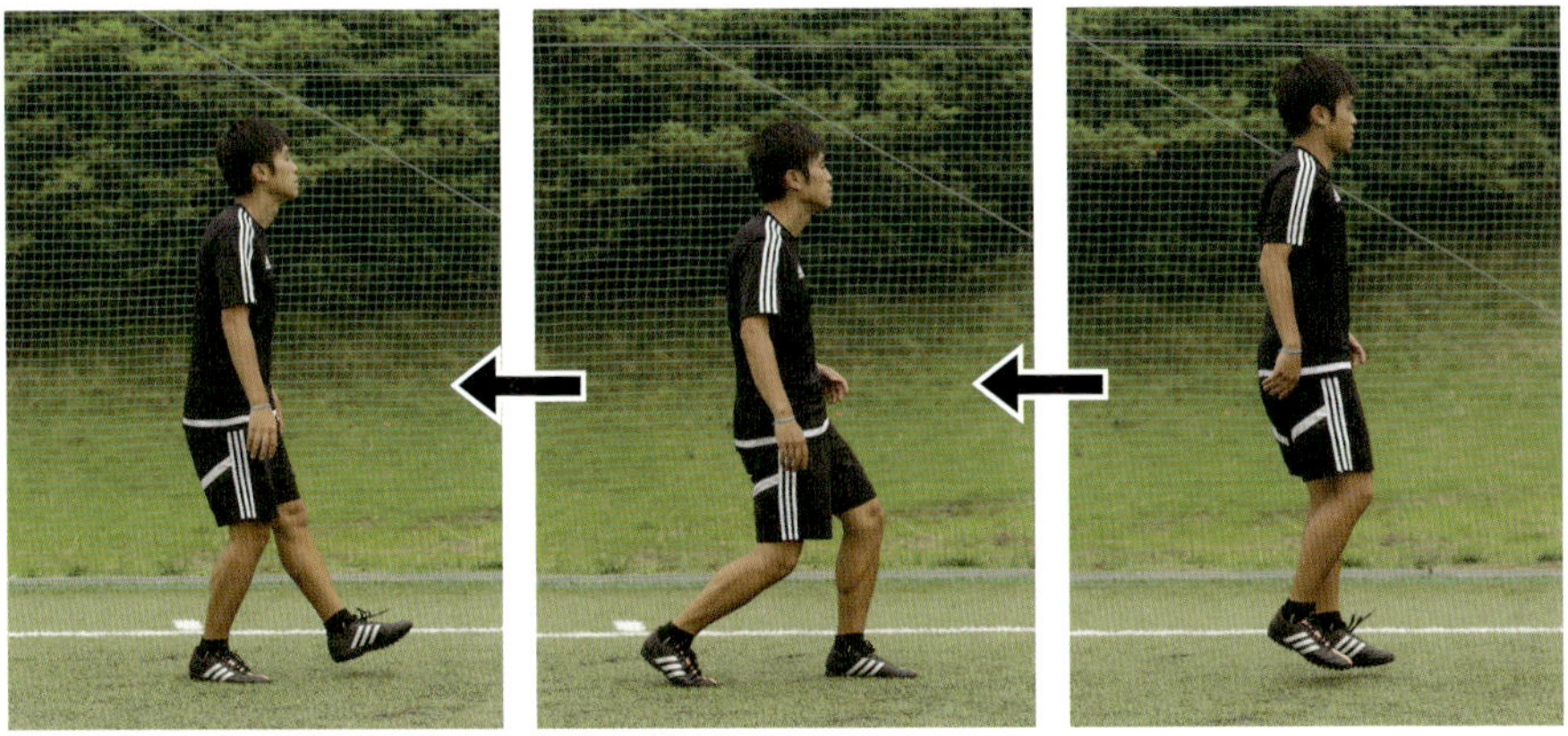

後ろ向きで「ニョキップ」をする。行きたい方向に身体を傾けながら、足がついた瞬間に「ニョキ」っと重心を移すようなイメージだと上手くいく。

04

ニョキップ

重心移動は身体が先に動く

①向かいたい方向に身体を傾け、脚を踏み出す。

②反対脚を引き寄せる。イメージは「身体→反対脚」というイメージで「ニョキ」(→P.34)っと跳ぶ。

③着地したら次のステップへ。最初とは反対方向へ身体を傾けてスキマを作る。

球際のディフェンスの時、ボールまでの距離をつめるためのステップ。体重を乗せて強いタックルができるようになる。

―〈 Key Word 〉―

・スキマ
・ニョキ

身体が正面を向いたままなんとなくステップを踏むだけではNG。行きたい方向に身体を向ける、その動きに脚がついてくるという一連の流れが不可欠だ。また、つま先が正面を向いたままのステップもNGだ。

④①と同様に、身体を傾けた方向に脚がついてくる。

⑤着地したら反対方向の脚が勝手に出始める。

⑥反対脚を引き寄せたら次のステップへ。

⑦これを繰り返す。進行方向がまっすぐでも、つま先の向きは身体の外側。

1対1のDFに応用できる

1対1のディフェンスの時、相手のパスコースや進行方向に対して足だけを出してしまうと、逆方向に振り切られたり力で押し負けてしまったりしてしまう。行きたい方向に身体を運び、相手の身体に対して重心を近づけるように意識しよう。そうすることで強い力を発揮できる。

05

背中ストップ

身体の前側の筋肉ではなく、後ろ側の筋肉を意識して止まる。サッカーにおける多くの動作に使える動きだ。

―〈 Key Word 〉―

- リラックス
- 伸びる
- 後ろ側のスイッチ

電車に乗り損ねた時の動き

①ダッシュを開始する。

②止まる地点に近づいてきたら、徐々に顔を上げて頭の位置を高くする。

③背筋を伸ばしていき、止まる準備をする。

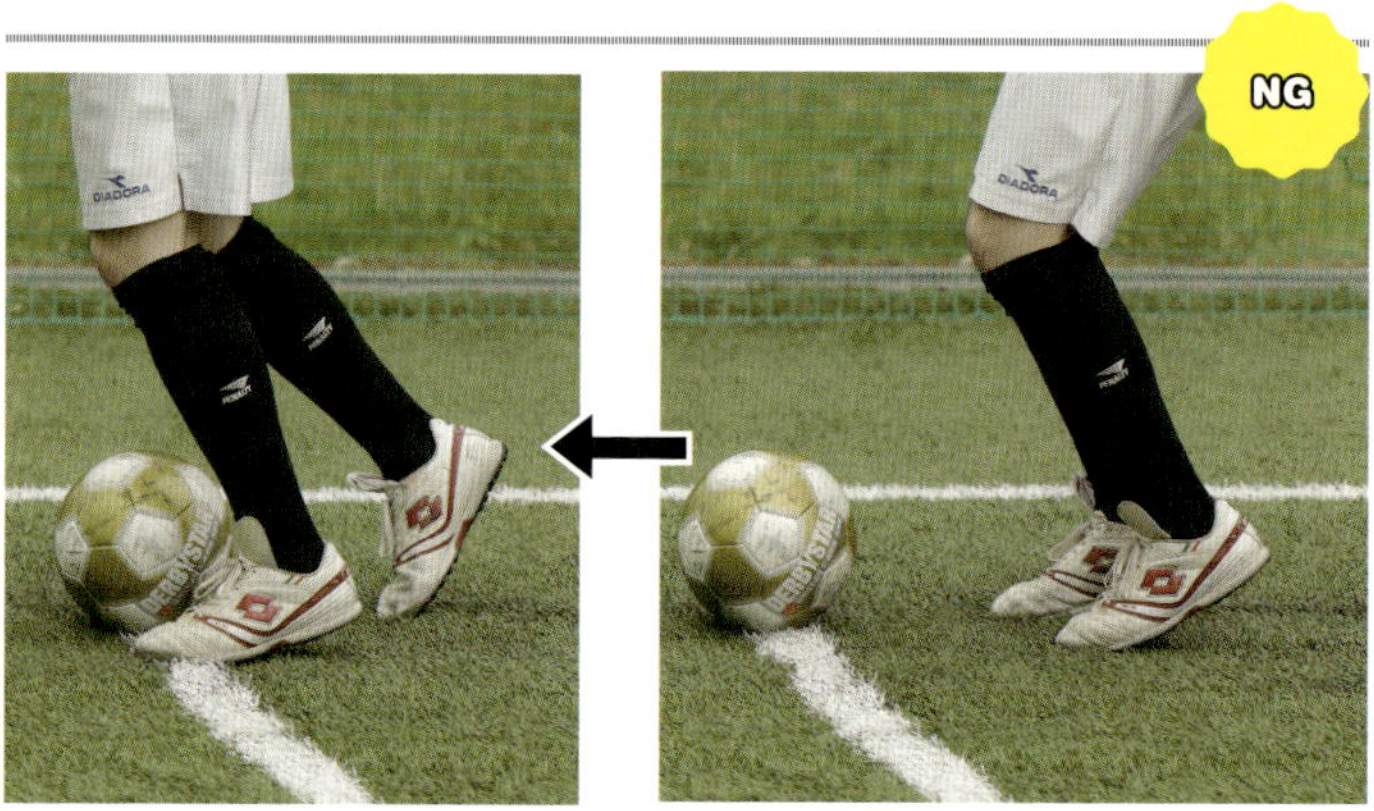

昔から言われる「つま先で細かくステップを踏む」方法だと、急ブレーキになって、重心が脚を乗り越えてしまう。足先のステップではなく、身体全体を使って減速する。

④少し後ろに傾くくらいの姿勢をつくる。

⑤実戦で、相手にかわされそうになっても対応できる体勢だ。

⑥力を抜いて、止まりたい場所に重心を置くイメージでストップする。

この時の接地の瞬間は足の裏全体だ。また、「電車をギリギリで乗り損なったときの人」の動きをイメージすると、この体勢をつくりやすい。

06

ハンドルジョギング

—〈 Key Word 〉—

・足は胸の下
・身体より出ない

「身体を傾けた方向に曲がる」トレーニング。背中で止まりながら、身体をハンドリングする感覚をつかもう。

内側の足で動く

①自転車のハンドルを握るイメージで手を構え、ジョギング開始。

②ある程度走ったら曲がる方向を決める。

進行方向と逆側の脚で踏ん張ってから曲がるのはNG。あくまで自然に、行きたいところに行くだけ。内側の脚が動きを決め、外側の脚がついてくるイメージ。

③行きたい方向に目線を向け、方向転換を開始。自転車で曲がる時のイメージで身体を傾ける。

④徐々に方向を変えていく。胸を向けていくイメージ。

⑤完全に曲がったら走り抜ける。

マークを
外す動き

例えば前線の選手がマークされている時、方向転換のスピードがあれば一気に振り切ることができる。

CHAPTER 3

07

背中ストップ&ターン

―〈 Key Word 〉―

・背中ストップ
・ドーナツ
・スキマ

ダッシュをしながらの急激な方向転換をするメニュー。踏ん張らずスムーズに、ケガもしにくい移動を身につける。

適切な減速でケガを防ぐ

●正面

①ボールを置いて、そこに向かってダッシュを開始。ここがターンの起点になる。

②「背中ストップ」(→P.60)と同じ要領で、徐々に体を起こして減速する。

●横向き

③方向転換の直前は、進む方向とは逆にボールを乗り越える。曲がりたい場所が「ドーナツ」（→ P.32）になるようにスキマをつくる。

④進行方向に体を傾ける。先に目線と重心をその方向に向け、そこに脚がついてくるというイメージ。

⑤ボールを追い越し、スムーズに走り抜ける。

08 バウンディング

ジャンプして片脚で着地し、またジャンプしてと繰り返す練習。重心を行きたい場所へ動かし、脚全体で支えることがポイントだ。

—〈 Key Word 〉—

- ドーナツ
- 重心移動
- カカトのポイント

カカトのポイントで重心を拾う

① まずは構えて、行きたい方向を決める。

② 身体を行きたい方向に向け、重心を移動させる意識を持ち「ドーナツ」(→P.32)の範囲内でジャンプ。

前足部で接地しないよう注意する。重心の真下に脚を置かないと、身体がグラついてつんのめってしまう。重心を先に移動させ、重心をカカトのポイントで拾うイメージを持つと、次の動作がスムーズになる。

③重心の位置とカカトのポイントの位置をまっすぐにして着地。

④そのままの体勢から再びジャンプ。押すのではなく、伸びて離すイメージ。

⑤重心と脚を合わせて着地。これを繰り返す。

身体がぐらついたりつんのめったりしたら、脚の位置が適切でない証拠。重心と脚の位置、足先の接地の仕方をもう一度確認しよう。

CHAPTER 3

09 おいかけっこ

反射的に体が出るように

―〈 Key Word 〉―

- ハンドル
- リセット
- ステップ

相手の動きについていく練習。これまでの練習をすべて使うことになる。その時々で適切な身体の動かし方を理解できるようになろう。

①向かい合ってドリルを開始。相手の動きについていく。

②相手の方向が変わりそうになったら「ニョキ」(→P.34)と伸びて準備。「ハンドルジョギング」(→P.62)の要領で付いていく。

③止まった時は「リセット」(→P.38)。楽な状態をつくり、すぐに次に動き出せる状態をつくる。

④動き出す時は「ニョキ」(→P.34)と伸びる。慣れてきたら、横だけではなく後ろに下がったり、スピードに変化をつけてみてもいい。

鬼Point

これまでのステップや重心移動がすべて発揮されるトレーニング。しかし、相手が動いてから自分が動くため、とっさの瞬間に足で踏ん張ったり足が先に出てしまうことも多い。反射的な動きでも重心移動になるように、2・3章のメニューで習慣にしていくことが大事。

CHAPTER 4

ボールを使ってニョキ

ボールを使ったドーナツの範囲と重心の動かし方を知る

ここまで、自分の重心がどこにあるか、ドーナツの範囲がどのくらいなのかを知る練習を紹介してきました。４章からはボールを使った練習に入ります。

ボールという新しい要素が入ってくると、どうしても「ボールを扱う」意識になってしまいます。しかし、扱うのはあくまで自分の身体です。ボールに引っ張られて自分の身体がどういう状態になってしまっているか、上手くいったときはどういう状態で上手くいったのか、その感覚を身につけてください。

adidas
adidas

CHAPTER 4

01 リフティング

普通のリフティングを両足で交互に蹴って続ける。誰でも一度はやるメニューだが、「ドーナツ」の範囲を認識しながら行うとまた効果が違ってくる。

「ドーナツ」の範囲でボールを蹴る

「ドーナツ」(→ P.32) の中でボールを蹴る。ボールが「ドーナツ」に入るように立ち脚を置く意識を持つ。足先だけのリフティングになると次の脚が出なくなり、ボールもうまく弾まないので失敗しやすい。

—〈 Key Word 〉—

・ドーナツ

足を伸ばして蹴ろうとすると片脚立ちになり、後方に体重が残る。「ドーナツ」の中にいかにボールを置くかを常に意識しよう。

「ドーナツ」の中で足踏みしている感覚で蹴る。どちらかの脚が強く蹴りすぎることもなく、両脚を入れ替えながら着地点に入れる。

CHAPTER 4

02 エアリフティング

うまくいかない子は、まずはボールなしでイメージをつかもう。ボールが来ると信じれば、足踏みをする要領で両脚が入れ替わる。

〈 Key Word 〉

- 脚の踏みかえ
- カカトのポイント

理想のフォームをイメージしながら

自分の「ドーナツ」の中にボールがあると仮定して、片足のリフティングの動作を繰り返す。重要なのは蹴った後の1ステップ。重心が蹴り脚から立ち脚に移っていることを意識する。もちろん立ち方は「カカトのポイント」（→P.28）だ。

鬼 Point

蹴った脚をしっかり踏み脚にして、重心を逆脚に入れ替える。蹴った脚はすばやく着地させたい。これができるようになればリフティング時の動きがスムーズになる。

CHAPTER 4

03

片脚リフティング

足で蹴るのではなく
ボールに体重を乗せる

両脚のリフティングと違い、ボールを蹴ってから次に蹴るまで時間がある。その時間で重心の移動を細かくできるかがポイントだ。また、上半身の「ニョキ」(→P.34)の動きも、両脚のリフティングも求められる。「エアリフティング」(→P.73)のイメージをもう一度思い出そう。

—〈 Key Word 〉—

・ニョキ
・脚の踏みかえ
・ドーナツ

使うのはひざ下ではなく太もも。自分の「ドーナツ」の範囲を見つけ、蹴りに行かなくてもボールが弾むようにする。

鬼 Point

両足リフティングよりも上半身の「ニョキ」が求められる。上半身の動きと蹴り脚の動きを連動させると、力は入れていなくても足にボールが当たっただけで上に上がる。

ボールが上がっている間に細かく重心を入れ替えることがポイント。片脚で立っている時間をなるべく短くし、思わぬところにボールが飛んでも瞬時に反応できるようにするためだ。

CHAPTER 4

04 インサイドリフティング

―〈 Key Word 〉―
・ニョキ
・脚の踏みかえ
・ドーナツ

インサイドキックのリフティング。足先で触るのではなく、太腿とお腹を近づける過程でボールを触る意識を持つこと。

「ドーナツの範囲」と「ニョキ」を忘れずに

片脚のインサイドキックでリフティングをする。通常のリフティングとは蹴る場所が変わり、蹴る場所が変われば「ドーナツ」(→ P.32) の範囲も変わる。自分の適切な範囲を早く見つけることがポイントだ。足先を意識しすぎると脚はまがらない。上半身の「ニョキ」(→ P.34) も忘れがちになるので注意したい。

足先を上げるのはNG。バランスをとるために身体がのけぞってしまう。上半身は忘れがちになるが、両方ともきちんと意識したい。

インサイドキックの場合、通常のリフティングとは「ドーナツ」の範囲が異なり、やや内側になる。その範囲は個人によってさまざまなので、回数を重ねながら適切な場所をつかみたい。

CHAPTER 4

05

アウトサイドリフティング

—〈 Key Word 〉—

- クネクネ
- ドーナツ
- 脚の踏みかえ

「クネクネ」をうまく使い、アウトサイドでリフティングする。ボールを触る側と反対の脚で地面を押すのがポイントだ。

立ち脚がカギ カカトで地面を蹴る

ボールを触る側の脇腹は縮んでおり、逆側の脇腹は伸びている。蹴り脚を持ち上げるのではなく、立ち脚で地面を踏み、その反動で蹴り脚を上げる。脚全体を動かすイメージでボールに触ると長く続けられる。

蹴り足を上げる意識で触ると逆脚も固まってしまい、上半身ものけ反ってしまう。

立ち脚で地面を押すことで、蹴り脚を上げる。上半身は「クネクネ」(→P.36) だ。

CHAPTER 4

06 ももリフティング

太ももに体を近づけて ボールに体重を乗せる

ボールをしっかり見ながら、「ニョキ」（→ P.34）の動きを使って、片足でリフティングを続ける。「ボールに体重を乗せる」という意識を持ち、太ももに身体を近づけるイメージでボールを触る。

―〈 Key Word 〉―

・ニョキ
・脚の踏みかえ
・ドーナツ

ももでリフティングをする。マラドーナのリフティングをイメージするとわかりやすい。ポーンポーンというリズムで、ボールに触るのは一瞬だけだ。

蹴り足を上げようとすると上半身がのけ反ってしまい、身体とボールが離れていく。“触る瞬間、身体は丸まっている”ことを忘れずに。

上の空間にボールを送り届けるイメージを持つ。ボールと脚が出会うポイントに体重を持っていくことで、結果的に脚が触る、という意識だ。

CHAPTER 4

07

ランダムリフティング

〈 Key Word 〉

- ドーナツ
- 脚の踏みかえ
- リセット

両脚を使い、様々な部位でボールを触る。インステップ、アウトサイド、インサイドと、順番に触っていく。

それぞれのドーナツの範囲に立ち脚をあわせる

①インステップで蹴る。

②ボールが浮いている間に立ち脚に重心を移し、「ドーナツ」(→P.32) の範囲に移動する。

③インサイドで蹴る。

触る部位によって、適切なボールと身体の距離は変わってくる。つまり「ドーナツ」の範囲が変わってくる。したがって、立ち脚が固定されているとうまく蹴り続けられない。特にアウトサイドはドーナツの場所が大きく変わる。

④②と同様に移動する。

⑤インステップに戻る。

⑥②、④と同様に移動する。特にアウトサイドは「ドーナツ」の範囲が大きく変わるので、素早く移動する。

⑦アウトサイドで蹴る。

立ち脚が固定されたまま無理やり続けるのはNG。蹴り足を動かそうとすると立ち脚が動かなくなる。徐々に窮屈になるか、コントロールミスで大きく蹴り上げてしまう。キックとキックの間の「リセット」(→P.38) が非常に重要になり、ここで立ち脚を地面から解放すると、「ドーナツ」を素早く移動できる。

CHAPTER 4

08

ニョキリフティング(表)

―〈 Key Word 〉―

- 乗せる
- 当てる
- ニョキ

ボールに対して体重を乗せながらリフティングする。コツをつかむまで時間がかかるが、浮き球のコントロールに応用できる。

「ニョキ」からの連動で脚を動かすイメージで

①リフティングを始める。この時から上半身を丸める。

②体重の力をボールに伝えるイメージで触る。「ニョキ」(→P.34)に連動してひざが伸びる。

③上手くいくと、足先の力がなくてもボールが浮き上がる。インパクトの瞬間にお尻を持ち上げるのもコツ。

鬼 Point

「ボールに体重を乗せる」という感覚をつかむのが難しい。全身の体重の力が脚を通ってボールに伝わる、というイメージを持つといいだろう。力むのではなく、あくまで自分が自然に持っている力をボールに伝える、という感覚だ。

④ボールが浮いている間に重心を入れ替える。

⑤ボールの落下点に身体を移動させる。「ドーナツ」(→P.32)の範囲に入る。

⑥①~⑤を繰り返す。

ロングパスのトラップに応用できる

後方からのボールをトラップする時に応用できる。全身の体重をボールに乗せるイメージでトラップする。

ひざ下だけを使って「蹴る」形になってはいけない。

CHAPTER 4

09

ニョキリフティング(裏)

—〈 Key Word 〉—

・ニョキ

リフティングの途中に足の裏で動きを挟む練習。中途半端に浮いたボールをコントロールできるようになる。

全身を意識することで逆脚が出やすくなる

①まずは普通にリフティングする。

②わざとバウンドさせる。

③バウンドして上がってくるボールに足の裏を合わせる。

全身で動かす中で、ボールの位置は近すぎないように。触った瞬間、立ち脚が浮いているようにするのがポイント。

④上半身を「ニョキ」（→P.34）で起こし、連動して脚が下りる。

⑤逆脚ですくいあげる。

⑥同じ行程を続ける。

ショートバウンドのトラップに使える

例えばロングボールを正確にトラップする時に使える。足先だけのトラップでは次の動きに移るのに一瞬遅れるが、身体全体でトラップすると触った脚に体重が乗りやすいため、次の動きに移りやすい。

立ち脚も含めて全身が動くのがカギ。ひざ下で叩くように蹴るのはNGだ。足元に入り過ぎたら、少しボールとの距離を離すこと。

10 手叩きリフティング

あえてリズムを崩し 反射的に体を出す

①通常のリフティングを行う。

②ボールが浮いている間にパチンと手を叩いてリズムを崩す。

③再びボールを触る。これを繰り返す。

―〈 Key Word 〉―

・身体から

リフティングの間に手叩きを入れてあえてリズムを崩す。その状態からでも身体でボールを触る意識を養うトレーニングだ。

鬼 Point

慣れてきたら、叩く位置を変えてリズムに変化を出していく。このメニューの目的が「反射的な動きを重心移動にする」こと。ボールを触ろうとしすぎず、ボールとお腹の距離を一定に保つ。

11 タッチコントロール

—〈 Key Word 〉—

・身体から
・ドーナツ

高くボールを蹴って素早く地面にタッチ、落下する前に起き上がりボールを触る。

「手叩きリフティング」と同様、違う動作でリズムを崩す

①高くボールを蹴り上げる。

②素早くしゃがみ、地面に両手でタッチ。

③素早く起き上がり、落下点に入ってボールを触る。これを繰り返す。

触りに行く時も、焦って足先から行くとコントロールミスが起こりやすい。身体から落下点に移動する意識を持つこと。トラップの瞬間は「ドーナツ」(→P.32)になるように。

しゃがんでから起き上がり、最初に踏み出す一歩がポイント。足で踏ん張るのではなく、身体が行きたい方向に向かった結果、脚が出てくるという運びにしたい。

CHAPTER 4

12 上空コントロール

できるだけ少ないタッチでテンポよく

①まず小さく2回ほどリフティングする。

②数回で蹴り上げる。ボールの落下点を予測し、トラップする場所が「ドーナツ」(→P.32)になるように移動する。

③落ちてきたボールをコントロールし、次の「ドーナツ」の範囲に移動してリフティングを続ける。

—〈 Key Word 〉—

・ドーナツ
・ニョキ

2回触って、3回目を高く蹴り上げる。高く蹴る際に体重を乗せること、落下するボールを触る際に立ち足が抜けていることが大事。

蹴り足だけでトラップしようとすると、上半身が固まってしまい、トラップできたとしても次の動きが遅くなる。「ニョキ」の柔軟性を意識しよう。

トラップの瞬間の「ニョキ」(→P.34)がポイント。この上半身の動きが、足先だけでボールを扱うことを防ぐ。「ニョキ」によって、トラップから次の動きまでスムーズになる。

落下点に入り、触る際は体重を乗せる

①同様に、数回リフティングしてから高く蹴り上げる。

②ボールが浮いている間に首を振り、ボールから目を切る。

③ボールに再び視線を戻しトラップしてリフティングを続ける。

足先だけでさわろうとすると、重心がボールから遠いところに残ってしまい、トラップできても次の脚が出てこない。

視線を戻した瞬間に身体が先に出るかどうかがカギ。「ランダムランジ」（→P.41）や「バウンディング」（→P.66）で身体から出る感覚を思い出そう。

13 回転コントロール

「上空コントロール」に体の回転を加えた練習。ボールから目を切ることになるので、瞬間的な重心移動ができるかがポイントだ。

―〈 Key Word 〉―

・脚を下ろす
・ニョキ

蹴った瞬間の脚がカギ

① ボールを高く蹴り上げる。同時に体の回転を始める。上半身は「ニョキ」（→P.34）、脚は下ろすイメージ。

②ボールから目を切り1 回転する。

③再びボールに目を戻し、トラップしてリフティングを続ける。

「上空コントロール」（→P.86）よりも、ボールから目を離す時間が長くなる。その分、目線を戻した瞬間の身体の動きがシビアに求められる。足で踏ん張ることがないようにしよう。

鬼 Point

トラップの瞬間、上半身は変わらず「ニョキ」だ。常に全身の動きを絶やさないことを意識する。

応用の地上戦

①DFを背負いながらボールを受ける場面を想定。ボールに近寄り、右脚で相手の後ろにボールを転がすイメージを持つ。

②蹴り出すのと同時に反対方向へ回転を始める。「回転の途中でボールが足先に当たった」というイメージだ。

③ボールと反対方向に回転し、DFと入れ替わる。DFは前進したまま体重が残っているため、動きについていけない。

蹴った瞬間の重心の位置がポイント。この場面ではすでに左脚に重心が移っている。右脚に残ったままだと、「ハンドルジョギング」(→P.62) のNGのように、蹴り脚で踏ん張ってしまい、次へのターンが1歩遅れる。

CHAPTER 4

14 くぐってコントロール

—〈 Key Word 〉—

・ニョキ

真上に蹴ったボールの落下点を素早く追い越し、逆側からボールを触る。ボールの軌道が通常とは異なるため、難易度は高い。

ボールを追い越してトラップする

①ボールを真上に蹴り上げる。

②ボールから目線を切らずに、落下点を追い越す。

③素早く落下点に入ってトラップする。

鬼 Point

ボールが自分に向かってくるのではなく、落下点に自分から近づいていくため、難易度が高い。落下点に身体を運ぶクセを身につけよう。トラップの瞬間は「ニョキ」(→P.34)の動きだ。日本代表FW柿谷の身体の動きをイメージしよう。

2人組でやる場合

①相手の頭上あたりにボールを置くように投げる。

②トラップする側は、ボールが浮いている間にボールをくぐる。

③反転しながらボールの落下地点に入り、トラップの準備に入る。

④落ちてくるボールをトラップする。この瞬間の上半身は「ニョキ」だ。

COLUMN 2

スマホと両手で重心移動

1章で片脚立ちの時間を短くしたいとお話ししました。その原理をもう少し詳しく見ていきます。

写真のようにスマートフォンを両手で支えてください。この状態から片方の手を離すと、スマホは当然落ちますよね。落とさないようにするには、片方の手のひら全体で支える必要があります。

身体でも同じことが起こっています。スマートフォンが身体の重心、両手が両脚だと仮定してください。体重移動になると、重心はその場に残ったまま脚だけが伸びます。スマホ（重心）を支えた片手（片脚）が残り、もう片方の手がどこかに行ってしまった状態です。これがスマホ（重心）を放り投げると、落とさないように手（脚）を出しますよね？　重心が先に移動し、脚がそれを支える状態です。これと同じことを、重心移動でやりたいのです。

スマホ（重心）を両手（両足）で支えている状態。ここからスマホ（重心）を先に動かして、後から手（脚）が支えにいくのが理想の移動。

スマホ（重心）を片手（片脚）で支えている状態。この手も離してしまうとスマホが落ちる。つまり重心が下まで落ちる。実際の身体では重心を支えるために、片脚が移動できないということだ。

CHAPTER 5

サッカーでニョキ

より実践的な
重心移動を身につける

２章で重心の感覚をつかみ、３章でより大きな動きで実践し、４章はボールを使って感覚を磨きました。ここからはより実践的なトレーニングに入ります。

サッカーは対戦相手がいて初めて成立するもの。ここまでのトレーニングは多種多様なメニューがありますが、そのどれもが実践をしなければ、本物の技術にはなりません。相手DFとの駆け引きや、実際の試合の中で現れるシチュエーションをイメージすると、より効果が高まるでしょう。

adidas

CHAPTER 5

01

移動コントロール

―〈 Key Word 〉―

・ドーナツ
・背中ストップ
・ニョキ

大きく蹴ったボールを走りながらトラップする練習。上半身を「ニョキ」っとさせ、「ドーナツ」の範囲に素早く身体を運ぶ技術が必要だ。

ドーナツの範囲の中でコントロールする

①ボールを大きく蹴り出す。この時、蹴り出した脚が最初の一歩になる。

②ボールを見ながら落下点にスムーズに身体を運ぶ。

蹴り出した脚が最初の一歩になる。移動のために脚を動かし、その過程でボールが当たったという意識だ。ボールを蹴ろうとすると片脚立ちになりスムーズな移動が難しくなる。

③落下点を予測し、「ドーナツ」（→P.32）の範囲でトラップできるように準備する。スピードを落とす時は「背中ストップ」（→P.60）だ。

④ボールが近くなったら上半身を「ニョキ」（→P.34）の要領で落とし始める。その延長で脚が出てくる。

⑤「ドーナツ」の中でトラップする。立ち脚が浮いており、トラップしてすぐ次の移動に移れるかもポイントだ。

蹴り出す動きは
ドリブルにも応用できる

蹴って走り出す瞬間の動きは、ドリブルの切り返しにも応用できる。切り返した次の脚をいかに速く出せるかが勝負になる。これも「移動の過程でボールが当たった」という意識だ。詳しくは「ハンドルニョキブル」（→P.112）で解説する。

CHAPTER 5

02 ジョギングキャッチリフティング

—〈 Key Word 〉—

・ドーナツ
・ニョキ

最初にジョギングのペースを決め、それを変えずにボールを蹴ってキャッチを繰り返す。これまで通り、足先で触りに行かないこと。

足先で蹴らず、ジョギングのペースは変えない

①手でボールを持ちながらジョギングを開始。

②ボールを手から離す。ボールを良く見て「ドーナツ」(→P.32)の範囲を意識する。

インサイドの場合

普通の蹴り方に慣れたらインサイドでも同じことができる。この場合、上体の使い方はよりニョキニョキしてくる。また、「ドーナツ」の範囲もインステップとは違うので、早めに範囲をつかむ。

③「ドーナツ」の中でボールを蹴る。上半身は「ニョキ」(→P.34)っとしつつ、身体を「ドーナツ」の範囲に移動させる。

④上がってきたボールをキャッチ。

⑤これを繰り返す。ジョギングのペースを崩さないことがポイント。

「ランダムリフティング」(→P.78)同様、蹴る場所によって「ドーナツ」の位置と範囲が変わる。走りながら「ドーナツ」をつかむのは意外と難しいので、回数を重ねてつかんでいく。

CHAPTER 5

03 ジョギングリフティング

―〈 Key Word 〉―

・ドーナツ
・ニョキ

ジョギングしながらリフティングで移動する。どちらかの脚だけで行なうこと。これもジョギングのペースを一定に保つ。

蹴り脚だけでなく、身体全体を使う

①リフティングしながらジョギングを開始。

②一定のリズムで触り続ける。

慣れてきたらボールを高く上げる

①ボールを放し、ジョギングリフティングを開始。

②ボールを高く上げる直前に身体を少し倒す。蹴る力が変わるが、体勢が崩れないように気を付ける。

③触る直前には上体をかがめ、「ニョキ」（→P.34）の体勢をとる。

④「ドーナツ」（→P.32）の範囲の中でボールを蹴る。蹴る瞬間は「ニョキ」。

⑤これを続ける。ジョギングのペースを一定に保つ。

③落下点を見ながら「ドーナツ」の範囲に身体を運ぶ。

④コントロールの瞬間は「ニョキ」。上体を少しかがめる。

⑤「ドーナツ」の中でコントロール。リフティングを続けよう。

CHAPTER 5

04

ワンバウンドリフティング

〈 Key Word 〉

- ニョキ
- 足でやらない

リフティングの間に必ずワンバウンドを挟み、またワンタッチを繰り返す。イレギュラーバウンドにも重心移動で対応する。

足で蹴らない「ニョキ」で触りながら移動する

①まずはインステップでワンタッチし、ボールを上げる。

②2タッチ目は触らないで、ボールを落とす。

鬼 Point

ワンバウンドをしたボールに対しても上体で迎えるように「ニョキ」を入れて、身体を使った重心移動で触る。

③バウンドしたボールに素早く近づき、上がり際をタッチしてリフティング。上半身は「ニョキ」(→ P.34)。

④蹴った直後に立ち脚が地面から離れていることがポイント。これを片脚で繰り返す。

⑤ここでもジョギングのペースは崩さないこと。

ジリジリと近づく
ドリブルの姿勢

このリフティングにおける上体の動作は通常のドリブルにも生きる。身体の「ニョキ」を入れることで、スムーズにボールが運べる。詳しくは「歩きニョキブル」(→P.104)で解説する。

CHAPTER 5

05

歩きニョキブル

ボールと一緒に散歩をするイメージでドリブルをする。止まらないでスムーズに歩き、ボールとの距離を一定に保つ練習。

―〈 Key Word 〉―

・ニョキ
・三角形

次の足が勝手に出てくるように触る

①歩くスピードでドリブルを始める。

②触る部位はどこでもいい。ゆっくりとボールとともに歩く。

③歩くスピードとボールとの距離を常に保つこと。

「歩くために脚を動かし、その途中にボールがあり、歩くついでにボールを押す」というイメージでドリブルをする。触る瞬間は、ひざ、ひざの延長線上の地面、蹴り脚の足首の直下の地面の3点を結んだ三角形の中になる。

三角形の外で触るのはNG。足先でのプレーになってしまい、方向転換や切り返しなどの応用が利きにくい。

CHAPTER 5

06

ジョギングニョキブル

上半身とひざ下を意識したボール運び

①「歩きニョキブル」よりもスピードをあげて、ジョギングの形でドリブルを開始。

②「歩きニョキブル」と同様に、三角形の中でボールを触る。

③ボールが進んだらその先に重心を移動させる。

―〈 Key Word 〉―

・上半身
・ニョキ

「歩きニョキブル」の応用編。スピードが出る中でも、足から触るのではなく、ジョギングの足元にボールが自然に付くイメージで行う。

歩きと同様に、ひざ下を伸ばしきって足先だけでボールを触るとNG。立ち脚が添えられず少しボールが離れただけでコントロールが難しくなる。

ボールを触るのは三角形の中で変わらない。さらに、「歩きニョキブル」よりも上半身の「ニョキ」(→P.34) が求められる。

CHAPTER 5

07

ケンケンニョキブル

—〈 Key Word 〉—

・ニョキ
・三角形

ケンケンしながらドリブルで進む。ひざ下でボールを扱う意識を持ち続けよう。

ボールに体重を乗せ三角形の中で押し出す

①ケンケンをしたまま、浮かせているほうの脚でボールを触る。

②ケンケンで跳んだタイミングでボールを押し出す。この時、重心はボール側の脚にあり、上半身は「ニョキ」(→ P.34)の運動をする。

鬼 Point

インサイドだけでなく、向かいたい方向によって触る部位を変えてみよう。どの部位で触っても、三角形と「ニョキ」の基本は変わらない。ひざより前で触ると、立ち脚が添えられずにボールと身体が離れてしまう。重心移動と合わせてスムーズな移動を心がける。

③右脚で触ったら素早く左脚を前に出す。上半身の「ニョキ」に連動して脚が出てくるのが理想だ。

④左脚の接地と同時に、右脚が勝手に出てくる。重心は左脚に移っている。

⑤これを続ける。ボールを触る位置は常に三角形の中。外に出てしまう時はどこかでバランスが崩れているので、「ニョキ」や重心をひとつひとつ見直そう。

ターンしながら ケンケンでニョキブル

バリエーションとして、まっすぐ進むだけでなくターンするやり方もある。

08

ニョキブル

—〈 Key Word 〉—

- ・ニョキ
- ・ドーナツ
- ・三角形

お腹でボールを触る意識で、「ニョキ」を入れながらドリブルする。自分が行きたい方向に身体を持って行き、結果としてボールを触る。

ボールを一度追い越し重心で持っていく

● 右足アウトサイドで触る場合

①ドリブルを開始する。

②進行方向とは逆方向へ、重心が一度ボールを追い越し、次のタッチが「ドーナツ」(→P.32)の範囲に入るようにする。

● 左足アウトサイドで触る場合

③重心を進行方向へ動かす。脚はついでに動かすという意識でボールへ向かわせる。

④ボールを三角形の中で触り進行方向へ。この時、上半身は「ニョキ」。

タッチは「歩きニョキブル」と同様、三角形の中でおこなう。

一度ボールを追い越し「ドーナツ」の範囲で触れるように身体を運ぶ。

●右足インサイドで触る場合

① ドリブルを開始。

②アウトサイドと同様に、ボールを重心が追い越すまで回り込む。

③追い越したら切り返しを始める。この時、上半身をかがめ「ニョキ」(→P.34)を始める。

●左足インサイドで触る場合

④遠い脚で進行方向を変えて進む。上半身は伸びている。触った脚と逆の脚が浮いているのがポイント。

⑤そのまま駆け抜ける。次の脚がすぐ出てくることもポイント。

ボールを触る脚に体重が乗っていると、自然に後ろ脚が浮いて次のプレーに移れる。

こちらもアウトサイドのドリブル同様、重心がボールを追い越してから方向転換する。ただし、アウトサイドの時とは「ドーナツ」（→P.32）の範囲が違うので気をつけたい。

CHAPTER 5

09

ハンドルニョキドリブル（イン）

―〈 Key Word 〉―

・大股歩き
・ハンドルジョギング
・ニョキ

「ハンドルジョギング」をドリブルに応用する。方向転換のついでにボールを触るイメージ。

ボールを追い越してからのターンを意識

①ドリブルからクロスを上げる動作をする。

②一度ボールを追い越してからのターンの準備をする。

ボールを追い越さずに方向を変える

①「ドーナツ」(→ P.32)の外のボールを切り返す場合もある。ライン際のボールに体重を乗せにいく。

②進行方向に重心を傾け、その過程でボールに触る。「移動するついでに触る」という意識。

③「ハンドルジョギング」(→P.62)の延長でターンする。重心はすでに移動を始めているため、逆脚が浮いている。

④ターンした脚を接地し、逆脚で素早くボールを押し出す。ここでいかに早く逆脚を出せるかがカギ。

⑤逆脚でボールを押し出し、すぐに次の方向へ進む。

③「ニョキ」(→P.34)っとしながらボールを巻き込んで中へ切り込む。重心が先に移動できていれば、自然と後ろ脚が浮く。大股歩き(→P.33)のイメージだ。

④ボールを触った脚が接地した瞬間には重心は移っており、次への移動に入れる。逆の脚は自然に浮いている。

⑤そのまま走り抜ける。

10

ハンドルニョキブル（アウト）

―〈 Key Word 〉―

- 大股歩き
- ニョキ
- 三角形

「ハンドルニョキブル」をアウトサイドで行う。タッチ数が増えれば中盤での逃げるターン、ワンタッチなら相手を抜く切り返しになる。

複数タッチのターンで方向を変える

①ドリブルを開始する。

②相手から逃げるようなイメージでターンを開始する。重心の動かし方は大股歩き（→P.33）と同じだ。

ワンタッチの切り返しで相手を置き去りにする

①相手の逆をとるように切り返す。切り返した脚がそのまま第一歩になるような意識で脚をおろす。

②移動のために脚をおろし、その途中でボールを押し出す。重心は進行方向に向ける。

③タッチした脚が接地した瞬間、すぐに立ち脚が浮いて次の行動に移る。

④立ち脚を置き、すぐに次のタッチに入る。この間、上半身は「ニョキ」(→P.34)をくり返し、行きたい方向にお腹が向いている。

⑤三角形の中でボールを触りターンを続ける。上半身は「ニョキ」で伸びる。

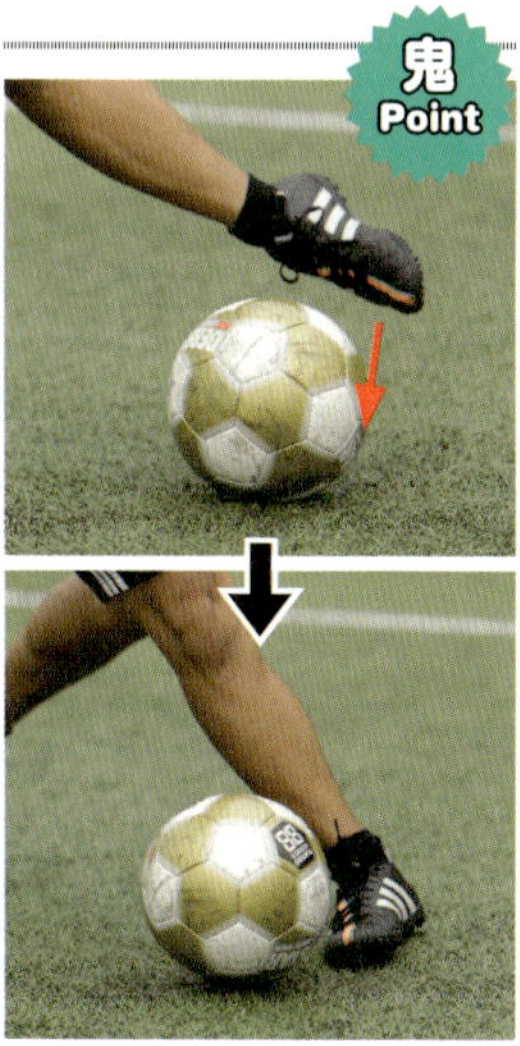

移動のために脚を早くおろす。その途中にボールがあり、こするような形で切り返す。

③重心を先に移動させ、相手の逆をとる。

④そのまま抜き去る。相手は重心が残っており、切り返しに対応できない。

11 ニョキストップ

「背中ストップ」を応用したドリブルのストップ。スピードに乗った状態から、背中で止まる感覚を身につけよう。

―〈 Key Word 〉―

- ニョキ
- 背中ストップ
- 伸ばす

止まる時は身体を前傾にせず、起こす

①ダッシュを開始する。

②止まりたい位置をイメージしながら動く。

身体を使わずに急にストップしようとすると、勢いを殺しきれずにボールを追い越してしまい止まれない。ケガの原因にもなる。

足で踏ん張って止まるイメージを消す。「背中ストップ」(→P.60)の要領で徐々に体を起こしていき、「ニョキ」でスピードを止める。

④ストップしたい位置に近づいたら徐々に上半身を起こしていく。

⑤ボールに触る直前に体を縮める「ニョキ」(→P.34)。

⑥「ニョキ」で伸ばしてストップ。ボールに触る足の場所によって身体の向きは変わる。

実戦ではクリスティアーノ・ロナウドのサイド際のドリブルのようなイメージで使える。切り返しの方向によって「ハンドルニョキブル」(→ P.112) のイン／アウトを使い分けよう。

12 ニョキック（ショート）

—〈 Key Word 〉—

・後ろのスイッチ
・全体接地

インサイドのショートパス。走るために脚を回転させ、その過程でボールを蹴る、という意識が大事。蹴り脚に体重を乗せてそのまま走り抜ける。

①身体をまっすぐにしたまま、助走を開始する。お腹のあたりに目があり、その目でボールを見るようなイメージを持つ。

②立ち脚を足裏全体から接地させ、「後ろのスイッチ」（→P.30）を入れ、身体をまっすぐにする。

立ち脚の接地は足裏全体で、「後ろのスイッチ」を入れる。走る力をそのままボールに伝えるイメージのため、ブレーキがかかると一気に力も弱まる。

③お腹に目があるとイメージし、その目でボールを覗き込むようにキックに入る。上半身は「足踏みインサイド」(→P.42)の要領でかがめる。

④お腹でボールを押すようなイメージでボールを蹴る。ボールに対して体を運び、脚が後からついてくる意識。

⑤蹴った後はそのまま走り抜ける。「振り抜く」というよりも「走り抜ける」イメージ。立ち脚が素早く地面から離れ、次の走りに移るのが理想だ。

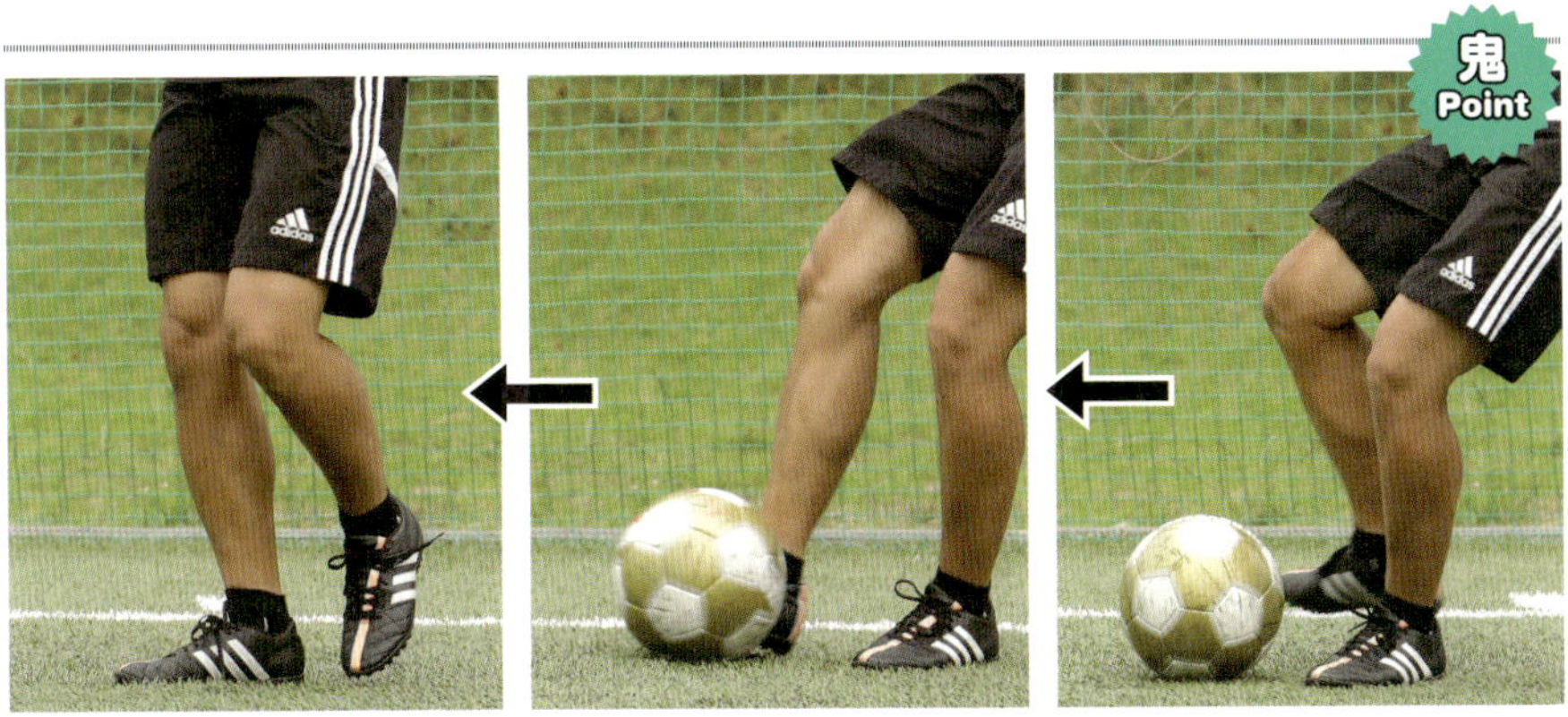

「走る過程で蹴る」という意識のため、蹴った後は「走り抜ける」。となれば、蹴った後の立ち脚は自然と地面から離れ次のステップに移り、蹴り脚はすぐに接地する。

CHAPTER 5

13

ニョキック（ロング）

ショートと同様、「走る過程でボールを蹴る」という意識は変えずに、ボールに伝える力を大きくする。

〈 Key Word 〉

・ニョキ
・クネクネ

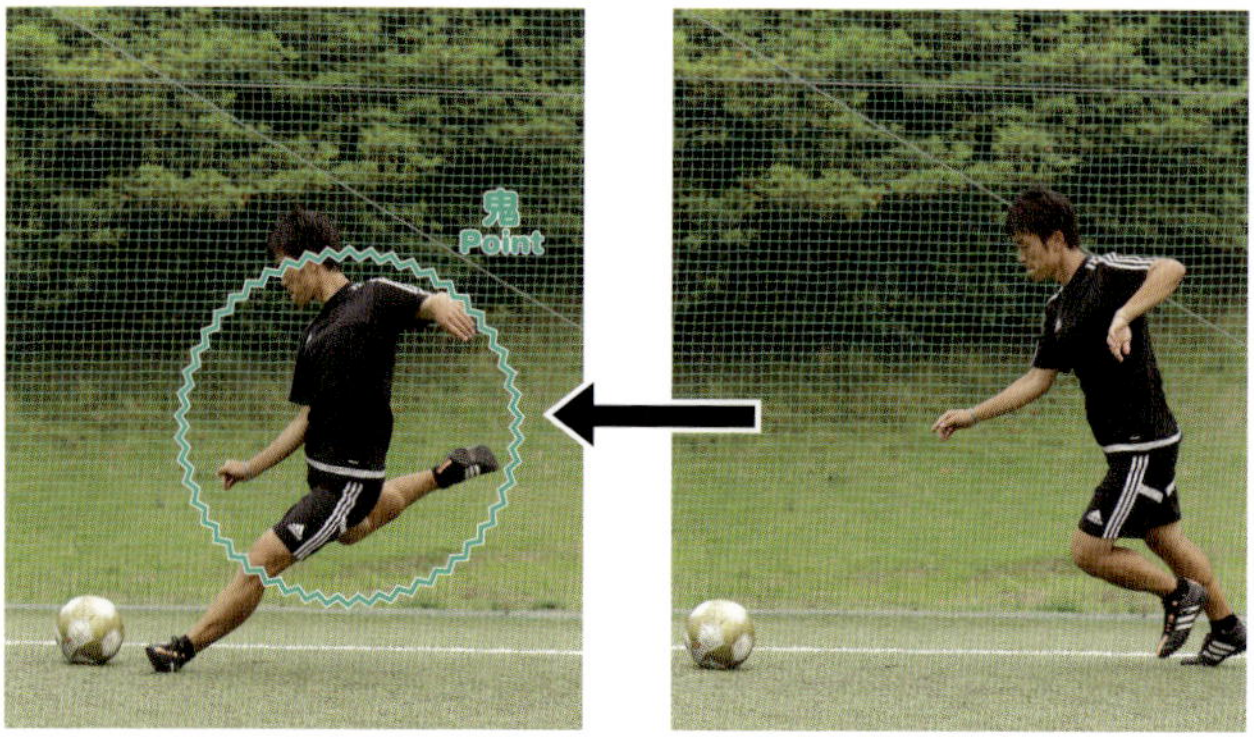

①ショートのキックと同じようにボールに入る。

②立ち脚を接地させ、蹴り脚を振りかぶる。ショートと同様、お腹でボールを見て、接地はブレーキにさせない。

足を振るだけの意識だと上半身の「クネクネ」の動きがなくなり、足先の力だけに頼ったキックになってしまう。もちろん試合中に使わないキックではないが、ここで身につけたい動きとは異なる。

③移動の過程でボールを蹴る。ショートの時よりも体が傾くので、上半身の動きは「クネクネ」（→ P.36）だ。

④体重の力をボールに伝えるイメージで蹴る。足先のキックにならないように注意する。

⑤振り抜いた後は蹴り脚を地面につき、すぐ次の動きに移れる状態をつくる。何も意識せずにこの状態がつくれるのが理想だ。

適切な接地で「後ろのスイッチ」（→P.30）を入れて、上半身を「クネクネ」させるのがポイント。どこか一部に意識を集中させるのではなく、身体全体を自然に動かせるようにする。

COLUMN 3

胸をおさえると動けない

座っている人のおでこを指で押さえると立てなくなる、という話は聞いたことがあると思います。座った状態から立つためには、まず頭を動かして重心を移動させる必要があります。その頭の移動が妨げられるため、指一本の力でも身体全体が動かなくなるのです。

同じようなことが胸でも起こります。胸の乳首あたりに、おでこと同様の重心のラインがあります。ここをおさえるだけで、おさえられた人は前に歩けなくなります。

これはサッカーに応用できます。例えば守備の場面、相手選手にタックルにいく時。このラインを少し動かすように相手の身体めがけて衝撃を与えると、バランスを崩してボールから離れます。横からのタックルの場合は、ラインの延長線上を少し押せば、同じように相手はよろけるでしょう。

逆に、「ショルダーチャージ」のように、力を込めてガツンと肩をぶつけても、自分の身体のバランスが崩れます。全身がこわばった状態では、力を込めた分だけ反発がくるからです。

もちろん、肘を上げすぎるとファウルになりますし、相手を負傷させるような意図でタックルをしてはいけません。

乳首のあたりに重心のラインがある。押さえるだけで前に歩けなくなる。

ここをおさえると相手はバランスを崩しやすい。守備のときはこのラインを狙うと有効だ。

重心移動用語集

体重移動
足で身体を押し出して移動する手段。足先の大きな力が必要で、長時間の運動には向いていない。反復横跳びが代表例だ。

ドーナツ
脚がもっとも自然に出てくる範囲。この範囲でボールを蹴ったりドリブルしたりする。

ニョキ
上半身が縦方向に柔軟に動く様子。ニョキニョキした動き。これに下半身が連動して重心移動ができる。

前側のスイッチ
身体の前側に力が入っている状態。緊張したり前方を見つめすぎているので、上半身のニョキが失われ、柔軟な動きがしにくい。

脚
太ももより下の「leg」、身体を支える部分。脚全体でサッカーをプレーできるかが重心移動のポイント。

重心移動
行きたい方向へ重心を運び、脚が常に重心の下についてくる移動手段。少ない力で長時間動くのに向いている。

重心
おへそのあたりにある体の中心。重心を動かすことで、脚が自然に出てくるように移動する。

クネクネ
上半身が横方向に柔軟に動く様子。飛距離のあるキックを蹴る時などに必要な動きだ。

後ろ側のスイッチ
身体の後ろ側に力が入っている状態。前屈みにならず上半身はリラックスできており、身体全体が柔軟に動ける。

足
足首より下の「foot」の部分。足でサッカーをしようとすると失敗しやすい。

おわりに

　サッカーを上手くプレーできるに越したことはありません。それは誰もが望む姿です。でも、できないことすら楽しんでほしいんです。

　選手はたまに「今日の試合はあまり面白くなかった」と言います。その理由は「上手くプレーできなかったから」です。それはそうですよね。上手にプレーできた方が楽しいに決まっています。では上手くいっている時は、何がどのように上手くいっているのでしょうか？　逆に上手くいかない時は、なぜ上手くいかないのでしょうか？　自分の身体の動かし方をきちんと認識して、どのように動かしているかを説明できる選手は、実は少ないのではないでしょうか？

　この本の最初に言った通り、僕はサッカーが下手でした。だからもっと上手くなりたかった。そのために上手い選手とそうじゃない選手の違いを見続けてきました。そして、その違いを自分なりに説明できるようになってきたんです。

　そうすると、自分のプレーが良い時と悪い時の違いもわかるようになってきました。「今のはこう動かしたからこのプレーができた」と理解できるんです。そうなると、今度は悪い時にどう直せば良いのかもわかり、良い調子に持っていくまでの道のりも見えてきます。そこまでくると、悪いプレーが良いプレーになっていく実感、つまり自分が成長している実感がわいてきて、上手くなるまでの過程がものすごく楽しいんです。選手たちはそんなところも楽しんでくれると、サッカーがもっと楽しくなると思います。

指導者は「プレーできなくても分かる」ことが大切です。選手の悪いところを指摘するだけではなく、なぜそのプレーがダメなのか、どうすればよくなるかという解決策を見せてあげなければいけないからです。時には自分でプレーできないことも選手に説明する必要があります。マラドーナのプレーを真似できる人はいないかもしれないけど、マラドーナを指導できる人がいないわけではありませんよね。マラドーナのプレーがどのように成り立っているかを知って、それを説明して、導いてあげる必要があるんです。

そして、良いプレーはたくさん褒めてあげてください。選手は本当にこのプレーで良いのかどうか、自分ではわからない時があります。そんな時は、外から見ている指導者が「今のは良いプレーだ」と言ってあげてください。

サッカーのプレーに明確な正解はありません。プレーに問題があるなら、その原因はさまざまだと思います。僕はその原因を身体の動かし方に見出しました。そして僕なりに探し続けた答えの一部を、この本に記しています。きっと答えはこれだけではないと思います。「認知」すべき情報が違うのかもしれないし、「決断」を間違えているのかもしれません。でも、もし誰かが上手くプレーできずに悩んでいて答えが見えない状態の時に、この本が答えのひとつになってくれたら嬉しいです。

鬼木祐輔

鬼木 祐輔
Yuusuke Oniki

1983年8月24日生まれ。日本初のフットボールスタイリスト。サッカーがうまくなるために「身体を上手に動かす」という観点からサッカーを捉え、その方法を考える。しなやかで、シュッとしていて、立ち姿が美しく、頑張らない、力まない、踏ん張らない、そんなサッカー選手をスタイリングする。現在は幼稚園児から高校生までのスクールやチームでサポート。また、ケガをしないための身体作りや、ケガから競技復帰までのリハビリも行う。

編集　ナイスク（http://naisg.com/）
松尾里央　中村 僚

カバー・本文デザイン　株式会社glove

DTP　星野晃三

執筆　澤山大輔　竹中玲央奈

撮影　河野大輔　川上博司

撮影協力　adidas FUTSAL PARK あざみ野

重心移動だけでサッカーは10倍上手くなる

平成27年10月1日初版発行
平成27年10月25日3刷発行

著者　鬼木祐輔

発行者　真船壮介

発行所　KKロングセラーズ
東京都新宿区高田馬場2-1-2
TEL.03-3204-5161

印刷　(株)暁印刷

製本　(株)難波製本

落丁・乱丁はお取り替えいたします。
ISBN978-4-8454-2365-1　C0075
Printed in Japan 2015